세계를 무대로! 무대를 품 안에!

더 반듯하게회 엮음

세계를 무대로! 무대를 품 안에!

지금 이 지구촌에는 인공지능, 사물인터넷, 빅데이터, 모바일 등 첨단 정보통신 기술이 기존 산업 및 서비스에 융합되어 혁신적인 변화가 나타나는 4차 산업혁명이 이미 도래하였습니다. 이러한 대변혁기에 뜻을 같이하는 우리 실버세대 모임인 「더 반듯하게회」 회원들이 미래세대 청소년 여러분에게 두 가지를 좀 당부하고 싶습니다.

하나는 여러분이 건강한 몸과 올바른 생각으로 더 반듯하게 성장하기를 바랍니다.

'어느 나라든 청소년의 미래가 바로 그 나라의 미래'라고들 말합니다.

「선진국 청소년들 착해졌다…」 는 제하의 다음과 같은 동아일보 보도가 있었습니다. - 박태근 기자 2018.1.12.

「주요 선진국 청소년들의 행실이 과거에 비해 점점 좋아지고 있다는 조사결과가 나왔다. 영국 경제 전문지 이코노미스트는 11일 발간한 최근호에서 세계보건기구(WHO) 자료를 토대로 주요 선진국 청소년들의 행실을 분석한 결과를 소개했다.

보도에 따르면 영국, 독일, 캐나다, 프랑스, 네덜란드 등 조사 대상 국 청소년들의 음주와 흡연, 싸움, 성경험이 과거에 비해 확연히 줄었다.」

다음으로는 여러분들 중에서 장차 「세계를 무대로! 무대를 품 안에!」라는 굳은 신념에 국제감각까지 겸비한 수출역군들이 많이 배출되어 지구촌 곳곳을 누비기 바랍니다.

천연자원이 빈약하고 국토가 좁은 우리나라가 잘 살 수 있는 최선의 방법은 바로 수출입니다. 그런데 세계는 인접국들 상호 간에 블록화하여 우선적으로 자기네들의 공동 이익을 추구하고 있습니다. 이러한 장벽을 넘어 수출을 증대하기 위해서 우리나라는 일찍이 청소년 때부터 수출의 중요성을 인식하고 이에 관해 듣고 보고 배워 지식과 실력을 축적해 두어야 되겠지요?

여러분이 장차 지구촌 곳곳을 누비는 수출역군으로서 우리 조국에 기여하게 되면, 이는 민족생존의 길이요 국가번영의 길이며 국력신장의 길이요 이 조국을 더 반듯하게 만드는 길입니다. 그래서 우리 실버세대가 청소년 여러분에게 도움이 될 만한 여러 가지 수출관련 자료 및 정보, 기타 자료를 조선일보·한국경제를 비롯한 여러 매스컴㈜에서 발췌·편집하여 각 언론사의 도움을 받아 「세계를 무대로! 무대를 품 안에!」라고 이름 붙여 이 책을 출간하였습니다. 수출관련 주내용은 4장 「세계를 무대로!…」란에 일괄해서 수록하였습니다.

■ 광범위한 내용을 5개의 장과 제목으로 구분하였습니다.

1장 세상을 밝히는 아름다운 얘기들

가슴을 울리는 따뜻한 얘기, 어린이·청소년들의 인성함양에 도움이 될 만한 얘기들입니다.

2장 방탄소년단, 지구촌을 달구다

지구촌 곳곳에서 선풍적인 인기와 한류열풍을 불러일으켜 국위를 선양하고 국민적 자긍심을 고취하고 있는 내용들입니다.

3장 IT·과학, 창의성 관련

1) 청소년·청년들의 창의성 개발 및 향상, 창업관련 내용, 각종 성공사례들을 실었습니다.

2) 굳건한 정신으로 고난과 역경을 극복하고 일어선 분들의 실제 얘기가 있습니다.

3) 교육부·한국경제신문사·한국직업능력개발원 공동주최, '미래를 여는 도전'이란 주제의 '글로벌 인재포럼 2018'에 관한 한국경제 보도기사가 있습니다. 세계적인 석학들이 창의·도전·혁신 등에 관해 발언한 내용들입니다

4장 세계를 무대로! 무대를 품 안에!

1) 우리나라 세계 10대 수출강국. 수출증대를 위해 수출기업 및 수출역군들이 지구촌 곳곳을 누비며 몸소 겪은 여러 가지 체험담,

애환과 염원이 담긴 얘기들이 있습니다.

2) 해외 여자골프를 비롯한 지식·문화·예능·스포츠 등 각종 한류문화의 해외진출, 한류열풍의 글로벌화로 국제사회에 한국혼(魂)을 전파하고 국위를 선양하여 국민적 자긍심을 고취한 얘기들을 실었습니다.

3) 세계 각지에서 갖가지 장벽을 넘어 모국을 빛낸 해외동포들에 관한 얘기들이 있습니다.

5장 역사·나라사랑·민족주체성

역사 및 애국지사들의 숭고한 뜻과 위업, 민족주체성을 발휘한 국내외 사례들을 살펴봅니다.

■ 청소년 생활지침 8가지를 권장합니다.

사랑하는 청소년 여러분! 서로 세대차이는 클지언정 우리가 여러분을 잘 이해하고 있습니다. 여러분과 나라를 위하는 일념에서 이 일을 하고 있습니다.

1. 결손가정, 소년소녀가정, 다문화가정처럼 어렵고 외로운 친구들, 어쩌다 잠시 일탈한 친구들을 외면하거나 왕따시키지 말고 먼저 다가가 **따뜻한 마음을** 베풀어야 되겠지요?
   그 친구들은 여러분의 따뜻한 마음으로 용기를 얻어 열심히 살아갈 것이며, 여러분의 선행은 세상을 밝히는 동행·상생이 될 것입니다.

2. 어쩌다 일탈한 친구는 주위의 친구가 다가와 따뜻한 마음을 베풀 때 고마운 마음으로 받아들여 속히 **본연의 자세로 돌아가야** 되겠지요? 이 길이 올바른 길이며 이렇게 할 때 주위에서 찬사를 보낼 것입니다.

3. 역사책, 역사관련 서적, 위인전을 읽으면 폭넓은 **사고력과 통찰력**을 갖게 됩니다.

4. 호신술이나 운동 한 가지쯤 익혀 두는 것은 자신감과 침착성, 도덕성 및 정의감 등 **정신력 강화**에 도움이 될 것입니다.

5. 글로벌 시대, 4차 산업혁명 시대가 가속화되고 있으므로 영어 하나만이라도 능통하게, 몇 개국의 역사·문화 등을 익혀 두기 바랍니다. 불시에 절실하게 **필요한 경우**가 생길 것입니다.

6. 어려운 일이나 고민이 있을 경우 학교 스승님께 털어놓고 상담하면 제자를 도와주시려고 **최선을 다하실** 것입니다.

7. "악한 일, 억울함을 당하고도 참고 선(善)을 행하면 그 대가는 하늘이 줄 것이네"라는 속담이 있습니다. 악(惡)이 여러분을 유

혹하더라도 이를 악물고 처음에 한두 번만 뿌리치면 다음부터는 결코 악의 유혹에 넘어가지 않을 것입니다.

8. 이러한 품격을 갖추고 국가와 사회에는 물론, 국제사회에까지 기여할 수 있는 **글로벌 인재**로 성장하여 장차 우리 조국의 위상을 드높이도록 노력해야 되겠지요?

■ 세계를 무대로 ! 무대를 품 안에 !

미래세대 청소년 여러분! 장차 세계를 무대로 여러분의 꿈을 펼쳐보는 것도 참으로 보람 있는 일이 될 것입니다. 여러분의 몸과 마음속엔 우리 민족의 뛰어난 능력과 자질이 잠재해 있습니다. 이러한 잠재력은 세계무대에서 더욱 발휘되고 빛날 수도 있습니다.

1. 20·30대 젊은 여성들이 단신으로 라스베이거스, 이태리, 인도네시아, 미국 곳곳을 누비며 해외시장을 개척한 사례, 이러한 경험을 바탕으로 무역회사를 설립·운영하면서 주위에 경험과 노하우를 전수하고 있는 사례, 내수시장 위주로 영업하던 많은 상인들을 설득하여 혁신적인 시스템을 도입함으로써 생산성을 높이고 수출증대에 크게 기여하고 있는 사례 등이 있습니다. 이외에도 다양한 사례가 있습니다.

2. 세계무대로 진출한 한류문화·한류열풍의 여러 가지 사례가 본
   문 4장에 있습니다.

**청소년 여러분! 장차 드넓은 세계로 나아갑시다. 국제사회에 한국
혼을 전파합시다. 나와 조국의 영광을 위하여…**

주 : 조선일보, 한국경제, 조선비즈, 스포츠조선, 월간 샘터

2019. 5.

더 반듯하게회 편집인 일동

세계를 무대로! 무대를 품 안에!

祖國을 더 반듯하게

오늘날 냉엄한 국제경쟁에서 우리가 낙오되지 않기 위해서는 과학기술 발전 및 산업구조의 고도화가 끊임없이 이루어져야겠지만 정신문화 측면에도 결코 소홀해서는 안 될 일입니다.

지금 우리 사회 전반에 만연된 도덕 불감증, 각종 사회 부조리는 지난날 고도성장에 따른 물질문명과 정신문화와의 괴리현상의 산물이며, 이는 국가발전을 저해하는 한 요인입니다. 또한 국토가 협소하고, 천연자원 절대부족, 남북분단 및 대치상태, 지정학적 리스크, 우리 한반도를 둘러싼 오늘의 국제정세가 세계열강의 각축장이었던 조선 말엽을 방불케 하는 등 지구상에서 유일하게 우리나라에만 존재하는 이러한 국가발전 악조건들을 저희들은 「고착화된 국가발전 저해요인」이라고 정의하겠습니다.

우리는 험난했던 근대사의 혹독한 시련과 「고착화된 국가발전 저해요인」이란 이 두 가지 큰 악조건을 슬기롭게 극복하고 세계적으로도 유례를 찾기 힘든 고도성장을 이룩한 바 있습니다. 이는 우리 민족의 저력 및 위기 대처 능력이 발휘되었기 때문입니다.

과거에 그렇게 했듯이 이젠 오늘의 우리 조국을 좀 더 반듯하게 만들기 위해 우리 모두 다함께 힘을 모아 다시 한 번 그 능력을 발휘해야 할 순간이라고 저희 더 반듯하게회 회원들이 감히 제언합니다.

1. 도덕 불감증, 사회 부조리는 누구보다도 우리의 미래세대 청소년들에게 가장 악영향을 끼치게 되므로 우선 사회 지도층부터 자숙과 자정이 절실합니다.
2. 범국민적인 사회 부조리 추방운동을 전개하고, 계층 간, 세대 간, 집단 간, 지역 간의 갈등과 대립을 최소화해서 우리 조국을 새로운 모습으로 혁신해야 하겠습니다.
3. 4차 산업혁명 시대의 국제경쟁에서 우위를 유지할 수 있는 수준, 나라다운 나라의 수준으로 국격을 격상시켜야 할 것입니다.
4. 지금 우리 기성세대가 청소년들의 비행, 일탈행위를 탓할 수 있겠습니까? 그들이 우리 기성세대를 보고 배우며 자라고 있는데….

이러한 문제들에 관해 저희 몇몇 친구들이 진지한 의견을 나눈 끝에, 미래세대 청소년들을 위해 「세계를 무대로! 무대를 품 안에!」라는 이 책의 출간을 시도하게 되었습니다. 여러 매스컴㈜의 기사·칼럼·사설의 사용 및 공병호 박사님의 기고문의 사용을 특별히 배려해 주셨기에 출간이 가능했습니다. 해당 언론사 및 담당자분들께, 그리고 공병호 박사님께 감사와 경의를 표합니다. 저희들의 이러한 시도에 대해 「가치 있고 훌륭한 일이며, 좋은 내용」이란 말씀과 격려를 해주신 이주천 명예교수님, 법무법인 세종 하은정 변호사님, 이재욱 신부님께 감사드립니다. 저희들의 뜻에 호응하여 여러모로 도움을 주신 도서출판

맑은샘 김양수 사장님께도 감사드립니다.

　학부모님들께서는 어린 자녀들의 경우, 책의 내용 중 다소 어려운 부분에서는 함께하셔서 약간의 설명만 덧붙여 주신다면 더욱 효과적일 것입니다. 이 책의 여러 가지 좋은 내용들이 융합되어 미래세대 청소년들에게 어떠한 영감으로 또는 어떠한 아이디어로 또 어떠한 문제 해결의 실마리로 떠오르거나, 새로운 변화와 발전의 조그마한 계기라도 되기를 간절히 바랍니다.

　영리 목적이 아닌, 오로지 나라와 청소년들을 위하는 일념에서 저희들이 이 일에 착수했으며 수익금이 발생한다면 청소년들을 위해 쓰여질 것입니다.

　기성세대 여러분! 우리 모두 힘을 모아 우리 후대가 무궁한 세월을 살아가야 할 위대한 유산, 이 땅에 「정의로운 사회, 투명·공정한 사회, 미래가 밝은 사회로 성숙하는 새 지평」을 열어나가십시다.

　감사합니다.

주 : 조선일보, 한국경제, 조선비즈, 스포츠조선, 월간 샘터

2019. 5.
더 반듯하게회 편집인 일동

차례

1장 세상을 밝히는 아름다운 얘기들

2장　방탄소년단, 지구촌을 달구다

3장　IT·과학, 창의성 관련

- 다음은 「교육부·한국경제신문사·한국직업능력개발원 공동주최, 글로벌 인재포럼
2018-미래를 여는 도전」입니다.

4장　세계를 무대로! 무대를 품 안에!

5장 역사·나라사랑·민족주체성

1 장

세상을 밝히는

아름다운 얘기들

1

고마운 택배 기사님

- 글쓴이 박옥희 월간 샘터, 2016. 8월호

나는 5층짜리 작은 빌라 맨 꼭대기 층에 산다. 지은 지 오래돼 엘리베이터가 없어 조금 불편하긴 해도 운동 삼아 오르내리면 그럭저럭 괜찮다. 문제는 택배를 받을 때다. 무거운 물건을 들고 5층까지 올라오려면 얼마나 힘들까 하는 생각에 택배 기사님이 초인종을 누르면 1층까지 내려가 물건을 받곤 한다.

어느 날, 회사에서 한창 일하고 있는데 한 통의 전화가 걸려왔다. "집에 안계신가요? 초인종을 눌러도 응답이 없네요." 며칠 전 주문한 멸치젓갈을 갖고 오신 택배 기사님이었다. "지금 모두 외출 중인데 어쩌죠?" 남감해하는 내게 기사님은 "현관문 앞에 두고 가겠습니다."라고 친절하게 이야기했다.

죄송하지만 어쩔 수 없는 상황이었다. 퇴근 후 현관문 앞에 고이 놓인 흰색 젓갈 통을 들여놓으려는데 이게 웬일인가. 통이 꿈쩍도 하지 않았다. 멸치와 소금이 버무려진 상태여서 더 무거운 듯했다. 결국 남편과 둘이 끙끙대며 간신히 젓갈통을 옮겼다. '이렇게 무거운 걸 어떻게 5층까지 들고 올라오셨을까.' 내가 주문한 물건 때문에 진땀을 뺐을 택배 기사님의 노고가 새삼 고마웠다.

어떻게라도 이 마음을 전하고 싶어 택배회사 홈페이지에 감사의 글을 쓰려했지만 컴맹이라 방법을 몰랐다. 결국 딸아이가 날 대신해 짤막한 글을 남겼다.

'기사님, 무거운 물건을 들고 5층까지 올라오시느라 힘드셨죠? 정말 감사합니다.'

며칠 후 택배회사에서 딸아이에게 전화가 왔다. "홈페이지 글 잘 읽었습니다. 기사님께 고객님의 인사 잘 전했습니다." 기사님에게 내 마음이 전달됐다는 생각에 마음이 한결 가벼워졌다.

갈수록 궂은일을 하지 않으려는 시대에 힘든 일도 마다않고 열심히 사는 분들을 보면 느끼는 게 많다. 다음번에 택배 기사님을 만나면 시원한 음료수라도 내드려야겠다.

박옥희: 학창시절 글쓰기를 좋아하는 문학소녀였습니다. '쉰 살이 되면 책을 내겠다' 결심하며 살았는데 어느덧 55세가 되었습니다. 아직 책은 쓰지 못했지만 베이비시터로 일하며 아이들과 노는 재미에 푹 빠져 있습니다.

○

2

호수 빠진 차량 운전자 구출···
고교생 3명 'LG의인상'

- 조선일보 곽래건 기자 2017.11.06.

LG복지재단(대표이사 구본무)은 "승용차에 탄 채로 호수에 빠진 여성을 구한 김지수(18)·성준용(18)·최태준(18)군에게 LG의인상과 상금을 전달했다"고 5일 밝혔다.

지난 3일 강원도 춘천시 강원체육고등학교에서 열린 LG의인상 시상식에서 성준용(18)·김지수(18)·최태준(18) 군(왼쪽부터)이 상패를 전달받고 기뻐하고 있다. LG그룹

김 군 등 3명은 지난 1일 강원도 춘천시 의암호 주변을 지나다 '살려 달라'는 비명을 듣고 호숫가로 달려갔다. 호수에선 한 여성이 가라

앉는 승용차를 밖에서 붙잡은 채 허우적대고 있었다. 주변 사람 누구도 선뜻 물에 뛰어들지 못했지만, 셋은 호수에 뛰어들어 여성을 물 밖으로 구조해냈다. 덕분에 이 여성은 별다른 부상도 입지 않았다.

3명은 강원체육고 소속 수영·수구 선수였다. 이들은 "주변에서 위험하다고 말렸지만, 우리가 아니면 구하지 못할 것 같았다"며 "학교에서 평소 생존 수영과 인명 구조를 배워 그대로 했을 뿐"이라고 말했다.

LG복지재단 측은 "수영을 잘하더라도 수심이 깊은 호수에 뛰어들어 사람을 구조하는 것은 큰 용기가 필요하다"며 "학생들이 보여준 용기 있는 행동과 침착한 대처가 청소년들에게 귀감이 될 것"이라고 밝혔다.

지금까지 LG의인상 수상자는 총 56명이고, 이 셋은 최연소다. 이 상은 '자신을 희생한 의인에게 기업이 사회적 책임으로 보답한다'는 구본무 LG회장의 뜻에 따라 2015년 만들어졌다.

최재형 감사원장 후보, 두 아들 입양·장애 동료 업어서 출퇴근…미담 회자

- 조선일보 정시행 기자 2017.12.07.

기독교 신자로 네 자녀 중 두 아들은 입양

최근 5년 4000여만 원 기부, 법원 내 봉사활동도

부친은 6·25 참전용사, 형과 아들도 해군 출신

최재형 감사원장 후보자

최재형(61) 사법연수원장이 7일 감사원장 후보자로 지명되자, 과거 그의 '선행'이 회자되고 있다.

윤영찬 청와대 국민소통수석은 이날 춘추관 브리핑에서 "최 후보자는 1986년 판사 임용 후 30여 년간 민·형사 다양한 영역에서 법관으로서 소신에 따라 사회적 약자와 소수자의 권익 보호, 국민의 기본권 보장을 위해 노력해온 법조인"이라며 "감사원의 독립성과 정치적 중립성을 수호하면서 공공부문 내 불합리한 부분을 걷어내 깨끗하고 바른 공직사회, 신뢰받는 정부를 실현해나갈 적임자로 기대한다"고 밝했다.

청와대에 따르면, 최 후보자는 '재판에 있어 치밀하고 분석력이 탁월하지만, 사건 당사자와 진솔하게 대화하며 그 애환과 고통을 잘 이해하는 재판을 해왔다'는 평가를 받아온 것으로 알려졌다.

이번 최 후보자 지명은 지난번 청와대가 위장전입·부동산투기·병역면탈 등 '7대 비리 관련자 원천배제 원칙'을 발표한 뒤 단행한 첫 인선인데, 자체 검증 결과 이런 청렴성·도덕성 기준에 전혀 어긋나지 않는다고 청와대는 밝혔다.

최 후보자는 육군 중위로 복무했으며, 그의 부친은 6·25 때 해군 대령으로 대한해협해전 참전용사로 올라있다. 친형은 해군 대위, 최 후보자의 장남도 해군에 입대했다.

특히 최 후보자가 20대 사법연수원 시절 다리가 불편한 동료를 2년간 업어서 출퇴근 시킨 일이 아직도 법원과 연수원 안팎에 회자되고 있다고 한다.

그는 또 자녀들과 함께 최근 5년간 13개 구호단체에 4000여만 원을 기부해왔고, 봉사 활동도 활발히 해와 법원 내부에서 최 후보자에 대한 '미담'이 많이 회자되는 것으로 알려졌다.

최 후보자는 부인 이소연 여사와의 사이에 2남 2녀를 두고 있는데, 두 딸을 낳은 뒤 두 아들은 입양한 것으로 전해졌다. 독실한 기독교 신자다.

4

토트넘 감독 "손흥민, 실력도 인성도 훌륭"

- 조선일보 김승재 기자 2018.01.03.

토트넘 포체티노 감독 "동료 케인에 가려져 아쉬워"

프리미어리그 토트넘 감독 마우리시오 포체티노(46)가 2일 "손흥민 (26)이 팀 동료 해리 케인(25)의 그늘에 가려 주목받지 못한다"고 했다.

포체티노 감독은 이날 기자회견에서 "손흥민은 기복 없는 경기력으로 많은 골을 넣고 있지만 영국 현지에서 큰 관심을 받지 못한다"며 "케인 등 팀 동료들에게 밀려 주목도가 떨어진다. 마치 메시나 호날두 옆에서 뛰는 것과 같다"고 했다. 토트넘의 주 득점원인 케인은 최근 2경기 연속 해트트릭을 포함해 2017년 한 해 56골을 넣어 유럽 5대 리그 최다 득점자가 됐다.

포체티노 감독은 손흥민의 인성에 대해서도 칭찬했다. 그는 "손흥민도 한국에선 데이비드 베컴과 같은 위치지만 이곳에서 매우 겸손하다"며 "우리 팀 코치진은 모두 손흥민을 좋아한다. 그는 기량뿐만 아니라 인성도 훌륭하다"고 했다.

영국 일간 가디언도 손흥민의 활약을 조명했다. 가디언은 "손흥민은 교체돼 나올 때 숨넘어갈 듯한 얼굴로 의자에 무너지듯 앉는다. 그는 그라운드에서 모든 걸 쏟아붓는 것이 명백하다"고 했다.

신문은 "손흥민은 현재 아시아에서 가장 두드러진 선수이며, 러시아월드컵에서 한국팀의 희망을 짊어지고 있다"고 덧붙였다. 손흥민은 2017-18시즌 반환점을 돈 2일 현재 리그 6골과 유럽축구연맹 챔피언스리그 3골을 더해 총 9골을 기록하고 있다.

○

5

표정과 손짓만으로도 압도, 여왕이 돌아왔다

- 스포츠조선 박찬준 기자, 사진 허상욱 기자 2018.05.20.

'SK텔레콤 올댓스케이트(All That Skate) 2018' 아이스쇼가 20일 서울 목동 아이스링크에서 열렸다. 김연아가 멋진 무대를 선보이고 있다. 목동=허상욱 기자 wook@sportschosun.com 2018.05.20.

화려한 오프닝 무대가 끝난 후 선수들의 소개가 이어졌다.

가장 마지막, 당연히 여왕의 몫이었다. 흰색 드레스를 입은 '피겨여왕' 김연아가 등장하자 엄청난 함성이 쏟아졌다.

여왕이 돌아왔다. 김연아는 20일 목동 아이스링크에서 열린 'SK텔레콤 올댓스케이트2018'에서 다시 빙판 위에 섰다. 김연아가 공식 무대에서 연기를 펼친 것은 은퇴 무대를 겸한 2014년 아이스쇼 이후 4년만이다. 김연아는 2018년 평창동계올림픽에 성원을 보내준 동계스포츠 팬들에게 보답하는 마음으로 이번 아이스쇼에 출연하기로 결심했다.

이번 아이스쇼는 올림픽에서 보여준 국민의 열정적인 응원과 피겨 스케이팅 팬들에 대한 감사의 의미를 담아 '디스 이즈 포 유(This Is For You)'라는 주제 속에서 펼쳐졌다. 세계적 스타들이 총출동했다. 평창동계올림픽 금메달에 빛나는 아이스댄스의 '살아있는 전설' 테사 버츄-스캇 모이어의 연기는 환상적이었다. 2018년 세계선수권 여자 싱글 챔피언 케이틀린 오스먼드는 특유의 우아함을 과시했다. 지난 평창올림픽 팀이벤트 금메달을 끝으로 현역에서 물러난 패트릭 챈도 명불허전의 연기를 펼쳤다. 평창올림픽에서 김연아 이후 최고 성적인 7위에 오른 최다빈을 비롯해 박소연, 유영, 김예림, 임은수 등 '연아 키즈'도 모두 나섰다.

하지만 팬들의 시선은 역시 한 명에게 쏠렸다. 김연아의 연기를 다시 볼 수 있다는 소식에 티켓 판매부터 불이 붙었다. 3일간 공연 좌석이 단 2분 만에 매진됐다. 김연아도 새 갈라 프로그램을 준비하는 등 열성을 보였다. 그녀가 고른 새 갈라 프로그램은 '하우스 오브 우드코크(House of Woodcock)'였다. 영혼의 짝인 안무가 데이비드 윌슨과 함께 했다. 물론 오랜만의 연기에 걱정도 있었다. 그는 "출연 결정을 다소 늦게 했다. 한 달 동안 훈련했는데 시간이 부족했다"며 "나이를 먹어 체력을 올리는 게 힘들었다. 연기를 마친 뒤 힘겨워하는 모습을 보실수도 있을 것"이라고 웃기도 했다.

하지만 역시 클래스가 달랐다. 꽃무늬가 새겨진 드레스를 입은 김연아는 1부 마지막 순서로 모습을 드러냈다. 아름다운 피아노 선율에 맞춰 연기를 시작한 김연아는 특유의 우아한 스텝과 스핀만으로도 장내를 압도했다. 오랜만의 연기인만큼 점프는 없었다. 하지만 섬세한 손짓과 애절한 표정으로 연기를 이어갔다. 걱정했던 체력 저하도 없었고, 마지막까지 완벽한 연기로 객석을 가득 메운 3900명의 환호를 이끌어냈다. 3분간 펼쳐진, 여왕만이 할 수 있는 마법의 연기였다.

'SK텔레콤 올댓스케이트(All That Skate) 2018' 아이스쇼가 20일 서울 목동 아이스링크에서 열렸다. 김연아가 멋진 무대를 선보이고 있다. 목동=허상욱 기자 wook@sportschosun.com 2018.05.20.

6

LG의인상·상록재단… "베풀며 살아라" 어머니 뜻 평생 지켰다

- 조선일보 전수용 기자 2018.05.21.

[구본무 회장 별세] 구본무 회장의 '노블레스 오블리주'

구본무 LG그룹 회장은 '노블레스 오블리주(사회 지도층의 사회적 책임)'를 실천해온 대기업 오너다. "자기를 속이는 사람은 더 이상 속일 데가 없다"면서 정직을 강조했다. 고인은 물론 LG그룹도 불미스러운 구설에 오른 적이 거의 없었던 것도 고인이 늘 권력과 거리를 두고, 기업 경영에서 '정도(正道)'를 실천한 결과다. "편법·불법을 해야 1등을 할 수 있다면 차라리 1등을 안 하겠다"는 게 고인의 지론이었다.

구 회장은 LG그룹을 세계적 기업으로 키우는 과정에서는 '냉철한 승부사' 기질을 보였지만, 평소에는 사람에 대한 존중과 배려에 기반한 온화한 리더십을 발휘했다. "신용을 쌓는 데는 평생 걸리지만 무너지는 건 한순간"이라는 말을 자주 했던 고인은 아무리 사소한 약속이라도 꼭 지켰다. 공식 행사든 사적 약속이든 늘 20~30분 정도 먼저 도착, 상대방을 기다린 것으로 유명하다.

고인은 아무리 바빠도 자신의 승용차가 갓길을 운행하거나 적당히 위반하는 것도 용납하지 않았다. 직원을 아낀 인재 경영은 고인의 철칙 중 하나였다. 글로벌 금융위기로 대규모 적자가 났을 때도 "어렵다고 사람을 내보내면 안 된다"면서 인위적 감원을 하지 않았다. 고인이 취임한 뒤 LG그룹에서는 '노사 분규'라는 단어가 생소해졌다. 그는 협력업체 대해 "우리는 '갑을 관계'가 없다"고 선언했다.

권위주의와 담을 쌓고, 검소한 '이웃집 아저씨' 같은 모습으로 대기업 총수에 대한 편견을 바꿨다. 연세대 재학 중에 육군 현역으로 입대해 보병으로 만기 전역한 뒤 미국으로 유학을 갔다. 저녁 자리가 늦어지면 운전기사를 먼저 보내고, 택시를 잡아타고 귀가하기도 했다. 큰딸 연경 씨나 아들 구광모 LG전자 상무의 결혼식도 가족들만 모여 조촐하게 치렀고, LG 경영진에게도 '작은 결혼식'을 권했다. 신문에 회사 직원들이 부고 내는 것도 금지하고, 협력업체에서는 경조금도 받지 못하게 했다. LG 고위 인사는 "아랫사람 누구에게도 반말하는 것을 보지 못했다"고 회고했다.

불필요한 격식도 싫어했다. 주요 행사에 참석하거나 해외 출장 때 비서는 꼭 필요한 한 명만 수행하도록 했고, 주말에 있는 지인의 경조사 등 개인적인 일을 할 때는 비서 없이 혼자 다녔다. LG그룹이 매년 여는 인재 유치 행사에서 400명이 넘는 참가 학생 모두와 일일이 악수를 하고, '셀카' 요청에도 흔쾌히 응하며 격의 없는 모습을 보여줬다.
구 회장은 2016년 '최순실 게이트' 국정조사 청문회에서는 '소신 발언'으로 화제가 됐다. 당시 '앞으로도 (박근혜 정부 때처럼) 명분만 맞으면 정부 요구에 돈을 낼 것이냐'는 국회의원 질문에 "불우이웃을 돕는 일은 앞으로도 지원하겠다"고 했고, '앞으로도 이런 자리(대통령 면담)에 나올 것이냐'는 물음에는 "국회가 입법으로 막아달라"고 요구했다. 당시 질문자였던 하태경 바른미래당 의원은 "청문회장에서 만난 그분은 이 시대의 큰 기업인이었다"고 했다.

고인은 "남들에게 베풀고 살라"는 어머니 고(故) 하정임 여사의 뜻을 평생 실천했다. "국민이나 사회로부터 신뢰받지 못하면 영속할 수 없다"면서 LG복지재단, LG연암문화재단, LG연암학원 등 복지·문화·교육 분야 공익재단 이사장 및 대표이사로 사회 공헌 활동에 투자와 열정을 아끼지 않았다.

고인은 특히 2015년 "세상이 각박해졌어도 국가와 사회정의를 위해 희생한 의인(義人)에게 기업은 사회적 책임으로 보답해야 한다"며 'LG 의인상'을 만들었다. 그동안 소방관·경찰관·고교생·크레인 기사·선장 등 72명이 의인상을 받았다. 작년 강원도 철원에서 빗나간 총탄에 아들을 잃고도 "어느 병사가 총을 쐈는지 책임을 묻지 말아달라"고 한 아버지나, 2015년 비무장지대에서 지뢰 사고를 당한 병사는 사재를 내어 도와줬다.

새와 숲에 대한 애정이 남달랐던 고인은 "후대에 의미 있는 자연유산을 남기고 싶다"면서 1997년 12월 국내 최초로 환경 전문 공익재단인 LG상록재단을 세웠다. 공익사업으로 경기도 곤지암에 5만여 평 규모의 '화담숲'을 조성해 수목 보전과 연구 지원에 힘썼다.

화담숲의 '화담(和談)'은 '정답게 이야기를 나눈다'는 뜻으로, 구 회장의 아호(雅號)이다. 새 울음을 듣거나 날아가는 모습만 보고도 새 이름을 척척 맞혀 '새 박사'로 통했다. LG 트윈타워 빌딩 집무실에 대형 망원경을 설치해 여의도 밤섬 새들을 관찰하기도 했다. 2000년 조류학자들과 함께 국내 최초의 조류도감인 '한국의 새'라는 책도 펴냈다.

7

한화케미칼 "협력사 경쟁력 강화 지원"

- 한국경제 박상익 기자 2018.11.10.

김창범 부회장, 협력사 대표 간담회

한화케미칼이 협력회사의 경쟁력 강화를 위해 발 벗고 나섰다. 한화케미칼은 지난 8일 경남 거제 한화 벨버디어리조트에 15개 협력사 대표이사를 초청해 '에너지 상생 협력 간담회'를 열었다.

이번 행사는 협력사의 에너지 절감에 도움을 주자는 취지로 한국에너지공단과 함께하는 '에너지 동행사업'의 일환으로 열렸다. 이 자리에서 김창범 한화케미칼 부회장은 "에너지 관리는 제조업의 핵심 역량"이라며 "협력사가 최고의 경쟁력을 갖출 수 있도록 힘을 보탤 것"이라고 말했다.

김 부회장은 "상생의 파트너십을 바탕으로 대기업과 협력사가 함께 성장할 수 있는 상생 생태계 조성에 앞장설 것"이라며 "협력사의 목소리에 더욱 귀를 기울이겠다"고 강조했다.

한화케미칼은 올해 8월부터 에너지 컨설팅 전문기관과 함께 협력사의 생산 설비와 에너지 현황을 진단하고 개선하는 사업을 지원하고 있다. 현장 진단 후 개선 방안이 나오면 설비 투자에 필요한 자금 일부를 대는 자체 프로그램도 개발했다.

이날 간담회에서는 3개월간의 컨설팅을 마친 3개 협력사의 진단 결과를 공유하는 자리가 마련됐다. 각사 에너지 사용 현황과 문제점, 개선방안과 기대 효과 등에 대해 참석자들의 열띤 토론이 이어졌다. 협력사 티앤에프머트리얼즈의 현명철 대표는 "이번에 에너지 경영의 중요성을 깨달았다"며 "개선 사항을 반영한다면 원가절감에 큰 도움이 될 것으로 기대한다"고 말했다.

한화케미칼은 지난해 사내에 '공정거래 및 상생협력 강화위원회'를 조직해 불공정 거래 근절과 상생 협력에 힘쓰고 있다.

○
8

해운대 방파제 빠진 女 구한 18세 한화 신인투수

- 조선일보 박소정 기자 2018.12.19.

"살려주세요!"

수은주가 1.4도를 가리킨 지난 16일 오후 9시 55분 부산 해운대 마린시티. 방파제 아래에서 여성의 비명소리가 들렸다. 주변을 산책하던 한화이글스 신인 투수 정이황(18·사진)이 이 소리를 더듬어 올라갔다.

임 모(36) 씨가 바다에 빠져 허우적대고 있었다. 정이황은 곧바로 구조 당국에 신고하는 한편 바다에 빠진 임 씨가 혼절하지 않도록 끊임없이 대화를 시도했다.

임 씨는 5m 깊이 방파제 테트라포드(일명 사발이) 구멍 사이에 빠진 상태였다. 극도로 불안해하고 있었다. 정이황은 "지금 구조대원들이 달려오고 있다"는 말로 안정시키기 시작했다.

해운대경찰서·해운대소방서 대원들은 오후 10시 7분 현장에 도착했다. 바다에 빠진 임 씨는 10시 19분 구조됐다. 정이황이 신고한 지 24분 만이었다. 임 씨는 저체온증·타박상을 입어 인근 병원으로 옮겨져 치료를 받았다.

지난 16일 오후 10시쯤 부산 해운대구 마린시티 인근에서 5m 깊이의 방파제에 빠진 30대 여성을 소방대원들이 구조하고 있다. 부산 해운대소방서 제공

사고 당시 부산 바다 수온은 섭씨 12도. 이런 바다에는 10분만 몸을 담그고 있어도 체온을 완전히 빼앗긴다고 한다. 소방관계자는 "겨울바다에 빠지면 저체온증으로 인한 쇼크가 올 수 있다"면서 "재빨리 신고한 덕분에 생명을 구할 수 있었다"고 말했다.

현장에 출동한 해운대경찰서 경찰관은 정이황에게 "신고자의 신속한 신고로 무사히 구조할 수 있었다. 너무나도 감사 드린다"는 문자 메시지를 보냈다.

정이황은 부산고를 졸업한 지역 토박이다. 지난 9월 한국야구위원회(KBO) 신인드래프트에서 한화이글스에 지명됐다. 193cm 큰 키의 우완투수다. 정이황은 조선일보 디지털편집국과 통화에서 "프로 데뷔전 마지막 해를 좋은 일로 마무리할 수 있어서 뿌듯하다"며 "다음에 비슷한 상황이 생겨도 똑같이 행동할 것"이라고 했다.

9

휴전선 넘은 소년병
"낮엔 알바, 밤엔 인강… 대학 가야죠"

- 조선일보 원우식 기자, 사진 성형주 기자 2018.12.31.

지뢰밭 지나, 철조망 넘어… 귀순한 노철민군의 '한국생활 1년'

30일 오후 서울 성북구의 한 대형 마트. 노철민(18) 군이 과자 상자를 나르고 있었다. 일이 많은 연말을 맞아 이날 하루 고용된 일용직 아르바이트생이지만 상자를 옮기는 손놀림이 빨랐다. 노 군은 "마트·편의점 대여섯 곳에서 일해 봤기 때문에 어렵지 않다"고 했다.

이달로 탈북 1년을 맞은 노철민(18) 군이 30일 성북구의 한 대형마트에서 계산대를 지키고 있다. 노 군은 지난 5월 탈북민 교육을 수료한 후 아르바이트로 생활비를 벌고 있다. 성형주 기자

노 군은 1년 전 휴전선을 넘어 귀순했다. 북에서는 황해북도 장풍군에서 민경(민사행정경찰)으로 근무했다. 선임병 구타를 견디기 어려웠다고 한다. 작년 12월 20일 새벽 2시 혼자 새벽 근무를 하던 틈을 노려 휴전선을 넘었다. 노 군은 "지뢰밭을 지나 남한군 경계 초소 앞

에서 호루라기를 불어 남한군을 부르고 나서야 '살았다'는 생각이 들었다"고 했다.

이달로 탈북 1년을 맞은 노철민(18) 군이 30일 성북구의 한 대형마트에서 계산대를 지키고 있다. 노 군은 지난 5월 탈북민 교육을 수료한 후 아르바이트로 생활비를 벌고 있다. 성형주 기자

탈북민 교육 기관인 하나원을 수료하고 서울 강북구의 한 종교 시설에 보내졌다. 탈북민 정착을 돕는 남북하나재단은 '무연고 미성년자'인 노 군에게 시설에 머물며 정착 교육을 받으라고 권했다. 노 군은 미성년자여서 만 19세가 돼야 정착 지원금 400만 원을 받을 수 있다.

지난 5월 노 군은 가방 하나만 들고 시설에서 나왔다. "직접 생활비를 벌어야 남쪽에 더 빨리 적응할 수 있을 것 같았다"고 했다. 가방에는 청바지와 티셔츠, 속옷 세 벌이 들어 있었다. 서울 동대문구 모텔에 한 달 치 방값 35만 원을 내고, 근처 생선구이집에 찾아가 "일자리를 달라"고 했다. 가게 주인은 노 군 사연을 듣고 서빙을 맡겼다. 식당일은 이틀 만에 그만뒀다. 노 군은 "일이 너무 복잡하고 어려워 계속 혼나기만 했다"고 했다. 탈북단체 관계자는 "중국을 거쳐 한국에 온 탈북자들은 미리 자본주의를 경험하지만 노 군처럼 휴전선을 넘은 경우 적응이 더 힘들다"고 했다.

노 군은 지난 7개월 동안 모텔 6곳을 전전했다. "한곳에 오래 머물

면 위험할 수 있다는 이야기를 들었기 때문"이라고 했다. 일자리를 구할 때도 주소가 분명하지 않다며 거절당하기도 했다.

노 군의 수입은 한 달 80만~90만 원 정도다. 매달 정부에서 60만 원을 받고, 일용직 아르바이트를 해서 20만~30만 원씩 번다. 이 중 30만 원 내외를 방값으로 내고, 휴대전화 요금을 치르면 식비가 부족할 때도 있다고 한다. 노 군은 "힘들 때는 '내가 북에 있는 것과 뭐가 다른가' 하는 생각도 들었다"며 "특히 '가족을 버리고 남쪽으로 온 나는 악마가 아닌가' 하는 생각이 들 때가 가장 힘들었다"고 했다.

노 군은 "한국서 돈 벌기는 쉽지 않지만 늘 도와주는 분들이 있었다"고 했다. "주변 식당 아르바이트를 소개해준 분, 제 사정을 이야기했더니 택시비를 절반으로 깎아 주신 택시 기사님도 있었다"고 했다. 이날 일한 마트 일자리도 우연히 소개받았다. 노 군은 "얼마 전 마트에서 물건을 사는데 계산대에서 일하던 아주머니가 내 말투를 듣고 '탈북자냐'며 사정을 물어보시더니 '근처 마트에 자리가 있는데 일해보겠느냐'고 해서 일하게 됐다"고 했다.

탈북민 단체인 '새터민라운지'의 이웅길 대표는 "철민이가 탈북 초반에는 기가 죽어서 주변에 일자리를 구해 달라는 이야기도 못 했지만 최근에는 다른 탈북민들이 '힘을 내야 가족도 다시 볼 수 있다'고 응원해줘서 표정이 밝아졌다"고 했다.

노 군은 4년제 대학에 들어가는 게 목표다. 아르바이트를 하고 남은 시간에는 수학과 영어 공부를 한다. 모르는 부분은 EBS 무료강의를 참고한다. 지금 실력은 고1 정도라고 했다. 대학을 나온 다음에는 식당을 차릴 생각이라고 했다. 빨리 돈을 벌어서 북에 있는 가족을 돕는 게 그다음 목표다.

지난 20일은 탈북 1주년이었다. 노 군은 "정신없이 살다 보니 잊고 지나갔다"고 했다. "매달 5만~10만 원씩 저축한 돈으로 얼마 전 백화점에 가서 코트를 샀는데, 이걸로 기념한 셈 치죠."

노 군은 소셜미디어 계정에 '희망'이라는 제목의 시(詩)를 올렸다. 지하철 2호선 스크린도어에 적혀 있던 글이다. 시는 '수고했다. 삐끗하고 넘어지면서도 포기 않고 계속 걸어줘서'로 끝난다. 노 군은 "마치 나를 보라고 누가 만든 시 같았다"며 "한국에서 성공해 북한에 있는 부모님과 누이, 소식으로만 태어났다고 전해들은 조카를 보고 싶다"고 했다.

세계를 무대로! 무대를 품 안에!

10

태광산업, 학교법인 일주·세화학원에 300억 기부

- 한국경제 박상익 기자 2019.1. 01.08.

故 이임용 회장이 설립한 법인

중·고교 기부액으로 역대 최고

태광산업이 7일 세화여중·고와 세화고를 운영하는 학교법인 일주·세화학원에 300억 원을 기부했다. 중·고교 학교법인에 대한 기부금으로는 역대 최대 금액이다. 이날 서울  반포동 세화고에서 열린 기금 전달식에는 홍현민 태광산업 석유화학사업본부 대표(사진 왼쪽), 김형생 태광산업 섬유사업본부 대표, 원유신 세화고 교장(오른쪽), 김흥기 세화여고 교장, 김재윤 세화여중 교장 등이 참석했다.

일주·세화학원은 태광그룹 창업주인 고(故) 이임용 선대회장이 사재를 출연해 1977년 설립했다. 1978년 세화여중·고, 1987년 세화고가 개교했다. 이 선대회장은 평소 "자원이 부족한 나라일수록 인재 양성에 힘써야 한다"며 법인 설립 후에도 사재 102억 원을 기부하는 등 학교 발전에 힘썼다.

태광그룹 각 계열사도 학교 설립 이후 이번 태광산업 기부금을 포함해 428억 원을 기부하는 등 지원을 아끼지 않고 있다. 태광산업은 17차례에 걸쳐 348억 원을 기부했다. 흥국생명(50억 원), 티브로드(23억 원), 대한화섬(4억 원), 기타 계열사(3억 원)도 기부에 동참했다. 이호진 전 회장 등 대주주들이 3개교에 낸 개인 기부도 244억 원이다. 이기화, 이호진 전 태광그룹 회장은 지난해 말 각각 90억 원, 154억 원을 기부했다.

세화여중·고와 세화고는 연이은 기부로 확보한 재정 기반을 바탕으로 교육환경 개선, 장학지원 사업 등을 펼칠 계획이다. 허승조 일주·세화학원 이사장은 "이 전 회장 등 대주주와 태광산업의 연이은 기부로 안정적 재정 지원이 가능해졌다"며 "학습 환경 개선은 물론 저소득층 자녀들도 더 많은 교육 기회를 얻도록 장학 제도를 크게 늘릴 것"이라고 밝혔다.

11

현대홈쇼핑, 대금 지급일 5일 앞당겨

- 조선일보 조선비즈 한경진 기자 2019.01.22.

현대홈쇼핑은 이달부터 4250개 중소 협력업체에 대한 판매대금 지급 주기를 10일에서 5일로 단축한다고 21일 밝혔다. 매출 규모에 상관없이 모든 중소 협력사 대금 지급일을 5일로 단축하는 것은 현대홈쇼핑이 처음이다. 이경렬 현대홈쇼핑 대외협력담당 상무는 "그동안 82개 협력업체의 홍보영상물 제작을 지원하는 등 상생 정책을 시행하고 있다"며 "연간 약 560억 원 규모의 중소 협력사 자금 지원 제도를 통해 선순환 구조를 정착시켜 나갈 것"이라고 말했다.

12

부모·자식 울린 임희정 아나운서의 고백
"나는 막노동하는 아버지의 딸"

- 한국경제 김예랑 한경닷컴 기자 2019.02.15.

임희정 아나운서의 고백

"저는 막노동 하는 아버지를 둔 딸"이라는 임희정 아나운서의 당당한 고백이 심금을 울리고 있다.

임희정 아나운서의 고백은 지난 1일 한 커뮤니티에 장문의 글로 올라왔다.

임 아나운서는 자신을 '개천에서 난 용'이라고 설명했다.

그는 "내가 잘난 용이 아니라 방점은 '개천에서 난'에 찍고 싶다"면서 변변치 못한 집안에서 훌륭한 인물이 나왔다는 속담을 자신의 처지에 빗댔다. 임 아나운서는 "부모가 빈궁한 생활을 했다 해도 피나는 노력을 하면 원하는 꿈도 이루고 성공할 수 있다는 속담은 나를 설명하는 한 줄"이라고 밝혔다.

그는 "48년생 아빠는 집안 형편 때문에 초등학교도 채 다니지 못했다. 몸으로 하는 노동을 일찍이 어렸을 때부터 해왔다. 밭일, 동네 소일거리, 그러다 몸이 커지고 어른이 되자 노동으로 가장 많은 일당을

쳐주었던 건설현장에서의 막노동을 시작했다. 그 일은 50년 넘게 이어
지고 있다"고 말했다.

뿐만 아니라 그의 1952년생 어머니는 국민학교를 겨우 졸업했고 8
남매의 장녀로 동생들을 돌보는 가장의 일을 50년 넘게 해왔다고 언
급했다.

그는 아나운서라는 직업을 갖고 '아버지는 무슨 일을 하시냐'는 질
문을 많이 받았다고 말했다.

임 아나운서는 "내가 '건설쪽 일을 하시는데요'라고 운을 떼자마자
아버지는 건설사 대표나 중책을 맡은 사람이 됐고 어느 대학을 나왔
냐는 질문에 아무 대답을 하지 않아도 아버지는 대졸자가 됐다"면서
"부모를 물어오는 기준 앞에서 거짓과 참 그 어느 것도 아닌 대답을
할 때가 많았다"고 반성했다.

그러면서 "기준을 정해놓고 질문을 하는 사람들의 물음표도 잘못
됐지만 기대치에 맞춰 정확한 대답을 하지 못한 나의 마침표도 잘못됐
다"고 덧붙였다.

그는 "부모님의 가난과 무지를 스스로 선택하지 않았다"라며 "내가
개천에서 용으로 성장할 수 있었던 건 정직하게 노동하고 열심히 삶을
일궈낸 부모를 보고 배우며 체득한 삶에 대한 경이가 있었기 때문"이
라며 "물질적 지원보다 심적 사랑과 응원이 한 아이의 인생에서 가장
큰 뒷받침이 된다"고 강조했다.

마지막으로 임희정 아나운서는 "나와 비슷한 누군가의 생도 인정받고 위로받길 바란다. 무엇보다 나의 아버지와 어머니가, 우리 모두의 부모가 존중받았으면 좋겠다"고 말했다.

이 글을 접한 네티즌들은 "우리나라의 현실이 너무 잘 느껴져 공감한다"며 "현실 때문에 말 못할 고충이 느껴졌다", "'느그 아버지 뭐하시노?'라고 묻지 않는 현실이 됐으면 좋겠다", "가정의 재력보다 인성이 더 중요하다", "세상에 창피한 부모는 없다"고 응원했다.

세계를 무대로! 무대를 품 안에!

o

13

삼성물산의 '주니어물산아카데미', 미래세대 직업체험·진로개발 지원

- 한국경제 고재연 기자 2019.03.28.

사회공헌 앞장선 삼성물산

삼성물산의 3대 사회공헌 전략은 '미래세대'와 '지역사회' '환경'의 가치를 높이는 것이다. '주니어물산아카데미'는 미래세대에 초점을 맞춘 삼성물산의 대표 사회공헌활동이다.

다양한 환경에 놓인 학생들에게 특색 있는 교육 기회를 제공하고, 4차 산업혁명 시대에 필요한 인재 양성에 기여한다는 취지에서 개발한 프로그램이다. 학생들의 직업 체험과 진로 개발을 위한 '메이커 교육'을 주요 콘텐츠로 한다. 메이커 교육이란 3D(3차원) 프린터, 레이저 커터, 컴퓨터 프로그램 등 다양한 디지털 도구와 재료를 활용해 제품이나 서비스로 직접 만들어보는 학습 방식을 말한다.

주니어물산아카데미는 국내외에서 다양한 사업을 영위 중인 삼성물산의 특성을 활용했다. 건축(건설부문)과 무역(상사부문), 의류(패션부문), 테마파크(리조트부문)에 이르는 삼성물산의 사업 아이템을 학습 소재로 활용한다. 각 분야에서 경험과 노하우를 쌓은 삼성물산 임직원 50여 명이 프로그램에 참여해 학생들의 생생한 직업 체험과 진로 개발을 돕는다.

임직원과 함께하는 실습형 교육

주니어물산아카데미는 '자유학기제'에 참여 중인 중학교 1학년 학생들을 대상으로 한다. 한 학기(15주, 총 30시간) 동안 전문강사를 각 학교에 파견해 기본 교육을 진행한다. 학생들은 삼성물산 4개 부문 사업장을 방문해 여러 과제를 수행하며 다양한 산업 분야에 대한 관심과 이해를 높이고, 문제 해결 능력을 기르게 된다.

주니어물산아카데미는 일방향적인 강의 방식에서 벗어나 학생들이 쉽고 재미있게 참여할 수 있는 활동으로 구성됐다. 학생들은 코딩, 3D 모델링 실습이 포함된 과제를 수행하며 메이커 교육을 접한다. 교육 과정에서 제공되는 메이커 박스의 다양한 재료와 아두이노, 로봇 키트 등 정보기술(IT) 도구를 활용해 미래사회에 필요한 제품을 제작한다.

주니어물산아카데미에서 학생들이 수행하는 첫 과제는 '우리가 원하는 방'이라는 주제로 방을 제작하는 활동이다. 공간을 꾸밀 테마를 생각해 사용할 조명과 음향·색채 효과를 정한다. 이에 필요한 재료와 도구를 교환하는 과정도 거친다. 공간 설계와 시공, 사업성 분석과 트레이딩, 상품 기획과 디자인 등 삼성물산의 각 사업과 관련된 지식과 아이디어를 자연스레 익힌다.

특히 각 사업부문 임직원과 함께 학습을 진행하며 생생한 직업 체험의 시간을 가진다. 건설부문 직원들과 미니 교량을 제작하며 건축물의 탄생 과정을 배우고, 상사부문 직원들과 트레이딩 보드게임을 통해 국제무역에 필요한 감각을 익힌다. 패션부문 직원들과 학교 내 의복·소품 수요를 분석해 학생들을 위한 새로운 패션을 디자인하고, 리조트부문 직원들과 테마파크 현장을 체험하며 학교 행사 기획을 위한 스토리보드와 아이템을 만들어 본다.

주니어물산아카데미 15주차 마지막 교육 시간에는 모든 학생이 참여하는 '메이커 축제'를 열어 공유와 소통의 시간을 갖는다. 학생들은 그동안의 학습 내용을 바탕으로 스스로의 아이디어를 창의적인 제작물로 직접 만들어 홍보부스를 운영해 발표하고, 피드백을 주고받는 시간을 갖는다.

삼성물산 대표 사회공헌활동으로 지속 확대

2015년 '사회적 책임 실천을 통해 지속 가능한 발전을 달성한다'는 목표로 삼성물산 이사회 산하에 신설된 삼성물산 CSR위원회는 주니어물산 아카데미를 삼성물산의 대표 사회공헌활동으로 지정했다. 주니어물산아카데미는 견학 중심의 체험 활동뿐만 아니라 구체적인 직업 교육과 다양한 진로 개발의 기회를 원하던 일선 학교와 학부모, 학생들에게 높은 평가를 받았다.

주니어물산아카데미는 2017년 성남 풍생중학교와 해남 송지중학교 시범 사업을 거쳐, 2018년부터 공모를 통해 전국 총 15개 농·산·어촌 중학교 600여 명의 학생과 함께 프로그램을 진행했다. 올해는 20개 학교로 확대해 진행할 예정이다.

삼성물산은 2019년에 주니어물산아카데미 심화 과정도 운영할 방침이다. 주니어물산아카데미에 참여한 학생들 중 우수학생들을 선발해 방학기간에 여름캠프를 개최한다. 전문강사들이 학교를 방문해 멘토링 프로그램도 실시할 계획이다.

삼성물산 CSR위원회 이현수 사외이사(서울대 건축학 교수)는 "앞으로 보다 많은 학생에게 유익한 경험을 제공해서 4차 산업혁명 시대에 필요한 미래형 인재를 양성하는 데 기여하겠다"고 말했다.

삼성물산은 주니어물산아카데미를 비롯해 국내외 미래세대가 한층 나은 환경에서 자신의 역량을 개발해 더 나은 삶을 살 수 있도록 도움을 주는 사업을 지속적으로 추진해나갈 예정이다.

14

2020년까지 100개 보육시설 세우는 하나금융

- 한국경제 정지은 기자 2019.03.28.

하나금융의 사회공헌 활동

**저출산·고령화 문제 해결에 앞장
다문화 가정·저소득층 적극 지원
국내외 취약한 교육환경 개선도**

최근 전국 곳곳에 하나금융그룹의 이름을 내건 국공립 보육시설이 생겨나고 있다. 하나금융이 저출산·고령화 문제 해결을 돕겠다며 보육지원 부문 사회공헌 활동에 적극 나선 덕분이다.

하나금융은 지난 18일 경남 거제시 아주동에 국공립 육아시설인 '아주하나어린이집'의 개원식을 했다. 이곳은 하나금융이 지난해 6월 보건복지부와 국공립 어린이집 건립지원 사업에 나서기로 업무협약을 맺은 뒤 첫 결실이다. 하나금융은 이곳을 시작으로 2020년까지 국공립 어린이집 90개와 직장 어린이집 10곳 등 총 100개에 달하는 보육시설을 지을 계획이다. 총 9500명의 아동을 수용할 수 있는 규모로 5500여 명의 직간접 고용창출 효과도 낼 것으로 추산됐다. 이 사업에 투입되는 예산 규모는 1500억 원에 달한다.

지난 8일엔 서울 명동에 하나금융 직장 어린이집 문을 열었다. 올 상반기 서울 여의도, 부산, 광주 등에도 직장 어린이집을 개원할 예정이다. 직장 어린이집은 하나금융 직원뿐 아니라 정원의 50% 이상을 중소기업 직원 자녀에게 개방한다는 방침이다. 하나금융 관계자는 "새로 건립되는 어린이집은 비수도권 지역 위주로 확대할 계획"이라며 "사업장 내 보육시설 마련이 어려운 중소기업 임직원 및 비수도권 지역 주민에게 양질의 보육환경을 제공하는 데 보탬이 될 것"이라고 말했다.

하나금융은 다문화 가정과 저소득층 등 소외계층을 지원하는 데에도 공을 들이고 있다. 2011년부터 다문화 가정 지원 사업의 일환으로 운영한 '다린'이란 이름의 다문화센터가 대표적인 예다. 다린은 다문화 가정을 포함해 한국에 거주하는 외국인을 위한 교육 및 문화 프로그램을 제공한다.

또 매년 11월부터 다음해 1월까지 겨울철에는 그룹 차원의 사회공헌 축제인 '모두하나데이'를 연다. 이 기간에는 하나금융 임직원이 소외계층을 위한 행복상자를 제작해 기부한다. 행복상자에 학용품과 생필품 등을 담아 지역아동센터, 새터민학교 등에 전달하는 형태다. 아울러

세계를 무대로! 무대를 품 안에!

하나금융 임직원으로 구성된 하나사랑봉사단은 장애인 시설, 보육시설, 노인복지시설 등을 꾸준히 찾아다니며 봉사활동을 하고 있다.

KEB하나은행의 경우 고객과 임직원이 함께 자발적으로 봉사활동에 참여하는 기회를 꾸준히 마련하고 있다. 정기적으로 스리랑카를 방문해 재생 PC를 설치해주고 정보기술(IT) 교육을 한다. 국내를 넘어 해외에 이르기까지 취약한 교육환경을 개선하고 지역사회 문제를 해결하는 데 앞장서겠다는 목표를 세웠다.

이 밖에 하나금융이 남사당놀이, 고창농악 등 단절 위기에 있는 문화예술을 후원하는 것도 사회공헌 차원에서다.

2장

방탄소년단,
지구촌을 달구다

1

K팝 열기에 젖은 파리…
"방탄소년단 춤도 배우고 싶어요"

- 조선일보 파리 손진석 특파원 2018.02.26.

유럽 내 韓流 인기에 힘입어 K팝 댄스학원 수강생 급증

"허리를 부드럽게 앞으로 밀어 상체를 움직이세요. 엉덩이는 뒤로 빼면서 미끄러지듯 동작을 이어가 봐요."

지난 11일(현지 시각) 프랑스 파리 시내 북동쪽 20구에 있는 한 스포츠센터. 한국의 5인조 보이 그룹 에이스의 노래 '콜린(Callin)'이 울려 퍼지는 가운데 프랑스 여학생 20여 명이 강사 안시 오시(27)씨의 춤 동작을 따라 하고 있었다. 학생들의 스포츠웨어는 땀으로 흠뻑 젖은 상태. 이곳은 파리에서 처음 K팝(KPOP) 댄스를 가르치는 KDA('K 팝 댄스 아카데미'의 약자) 학원이다.

KDA는 유럽의 한류(韓流) 열기를 타고 나날이 덩치를 키워가고 있다. 2011년 설립했을 때 학생은 여섯 명이었고, 2014년에는 12명으로

세계를 무대로! 무대를 품 안에!

명맥을 이을 수준이었다. 그러다 K팝이 유럽에서 저변을 넓혀 가자 수
강생들도 빠르게 늘고 있다. 현재 나이대별로 3개 강좌에 학생 55명가
량이 수업에 참여하고 있다. 2016년 한·불 수교 130주년 기념으로 파
리에서 샤이니, 방탄소년단 등이 합동 콘서트를 연 것을 계기로 K팝
인기가 급상승한 덕분이다.

2

[장규호의 데스크 시각]
'BTS 효과' 확산하려면

- 한국경제 장규호 문화부장 2018.11.11.

방탄소년단(BTS)이 단연 최고의 화제다. 관련 뉴스가 안 뜨는 날이 없다. 지난 10일 일본이 한 멤버의 '광복절 티셔츠'를 이유로 BTS의 방송 출연을 취소하기로 해 논란을 빚었다. 앞서 6일 국내 한 뮤직어워즈 행사에선 9관왕을 차지했다. 팬클럽 '아미' 회원이 되려고 줄 선 사람도 새카맣다. BTS 노래를 끝까지 들어본 적 없는 중년도 'BTS 신드롬'을 얘기한다. 세계 음악팬과 미디어들이 BTS와 한국을 주목한다. 방탄이 삼성 스마트폰과 LG 에어컨, 현대자동차 등 한국 대표 브랜드와 제품 못지않은 상품이 됐다. K팝 열풍은 K패션, K뷰티, K푸드, K무비 등 한국문화 전반에 대한 세계인의 사랑으로 확산되고 있다. 한류(韓流)가 완전히 새로운 단계로 도약하고 있다.

대중음악, 영화 등 산업화된 장르에서 다른 예술 분야로 눈을 돌리면 싸늘한 현실이 버티고 있다. 클래식 음악, 미술, 무용 등 고전 분위기가 강한 장르의 예술인들은 자신의 재능을 뽐낼 공간 자체를 찾기 어렵다. "무대에 설 기회를 얻지 못한 클래식 전문 연주자가 한둘이 아니다"는 음악인들의 하소연이 엄살이 아니다. 지방인 대구 오페라하 우스 오디션에도 전국 각지의 성악가가 300명 넘게 몰려들 정도다.

좁디좁은 예술인의 길

교육통계연보에 따르면 4년제 대학과 전문대에서 예술을 전공한 졸 업자는 한 해 5만3634명(2016년 기준)씩 쏟아진다. 연극·영화, 디자 인, 응용예술 등 팔려 나갈 '시장'이 있는 분야를 빼고 음악(클래식, 국 악 등)과 미술·조형, 무용 전공자만 추려도 1만3341명이나 된다. 클래 시컬한 장르에서 전공을 살려 예술인으로 살아가기엔 시장이 너무 작 고, 상대적으로 공급은 너무 많다.

통계청의 '2015년 하반기 지역별 고용조사'에 따르면 4년제 대학 음 악 전공자들의 졸업 후 진로 1위는 예능강사(43.2%)다. 지휘자·작곡 가·연주자(3.7%), 가수 및 성악가(3.2%) 등 전공을 살린 직종에는 10 명 중 한 명도 못 갔다. 절반가량이 생계를 위해 예술 사교육시장에 발을 들여놓는다는 얘기다. 미술도 시각디자이너(5.9%), 화가·조각가 (4.2%) 외에는 붓을 들지 않는 직업을 찾아갔다. 무용 전공자도 무용 가·안무가는 3.2%에 불과했고 예능강사가 36.6%에 달했다.

나얍 코리아라는 모범

한경필하모닉오케스트라를 운영하는 한국경제신문사와 미국 나얍 (NYIOP·뉴욕국제오페라프로젝트)이 지난 9월 아시아 최초로 개최한 성 악오디션 '나얍 코리아'는 그래서 호평 받을 만하다. 160명의 오디션 중

49명(30.6%)의 성악가가 지난달 말 선발(계약 고려 대상자) 통보를 받았다. 세계 여러 곳에서 열린 나얍 오디션 때보다 훨씬 많은 숫자다. 3월 열린 나얍 뉴욕에선 144명 중 9명이, 2월의 나얍 런던에선 168명 중 14명이 선발됐을 뿐이다. 뉴욕시티오페라 등 7개 극장 캐스팅 감독은 당초 극장별로 3~4명씩 총 20~30명 정도를 계약 고려 대상자로 뽑으려 했다. 하지만 한국 성악가들의 놀라운 기량에 반해 선발자를 늘렸다고 한다.

이것이야말로 경제와 문화 사이에 가교를 놓는 일이 아니고 무엇인가. 예술 전공자에겐 그 업을 이어갈 무대를 마련해주고 나라 경제에는 고용을 창출하는 순기능을 한다. 김성규 신임 세종문화회관 대표는 "민간 재원을 결합시켜야 공연 수준을 높일 수 있다. 기업들이 어떤 예술 분야에 관심이 있는지, 필요로 하는 게 무엇인지 파악해 보겠다"고 했다. 클래시컬한 문화예술 분야도 이런 식으로 멍석을 자꾸자꾸 깔아줘야 한다. 오래도록 지속 가능한 '한류 경제'를 만들려면 말이다.

3

방탄소년단,
'그래미 어워즈'에 시상자로 참석한다

- 한국경제 한경닷컴 뉴스룸 2019.02.05.

그룹 방탄소년단이 '제61회 그래미 어워즈'에 시상자로 참석한다.

5일 방탄소년단 소속사 빅히트엔터테인먼트에 따르면 방탄소년단은 10일(현지시간) 미국 로스앤젤레스 스테이플스센터에서 열리는 '그래미 어워즈'에 시상자로 초청됐다.

한국 가수가 이 무대에 오르는 것은 처음이다.

미국레코딩예술과학아카데미(National Academy of Recording Arts and Sciences·NARAS)가 주관하는 '그래미 어워즈'는 팝, 록, R&B, 힙합, 재즈 등 대중음악 전 장르를 망라하는 팝계 최고 권위 시상식이다.

올해는 방탄소년단의 '러브 유어셀프 전 티어'(LOVE YOURSELF 轉 Tear) 앨범을 디자인한 회사 허스키폭스가 '베스트 레코딩 패키지'(Best Recording Package) 부문 후보에 올라 관심을 모았다.

'그래미 어워즈'에서 국내 대중음악 앨범으로 스태프가 후보에 오르기는 이번이 처음이다.

4

방탄소년단,
한국 디자이너 슈트 입고 그래미 입성

- 조선일보 김은영 기자 2019.02.11.

김서룡 컬렉션, 제이백쿠튀르 입고 그래미 어워즈 참석
한국 디자이너 옷 입고, 한국 차 타고 꿈의 시상식으로...

10일(현지시간) 미국 로스앤젤레스 스테이플센터에서 열린 제61회 그래미 어워즈에 시상자로 참석한 그룹 방탄소년단이 한국 디자이너의 턱시도를 입고 레드카펫을 밟아 화제를 모은다.

방탄소년단은 그동안 시상식과 무대에서 구찌, 디올, 생로랑 등 세계적인 명품을 입어왔던 터라 이번에도 해외 디자이너의 옷을 입을 것으로 예상됐다. 특히 시상식 전날 디올의 아티스틱 디렉터 킴 존스와 만나 공식 트위터에 인증 사진을 올렸기에 디올의 옷을 입고 나올 것으로 관측됐다.

하지만 예상을 뒤엎고 국내 디자이너의 슈트를 입고 레드카펫을 밟

앉다. 제이홉은 김서룡 컬렉션의 슈트를, 나머지 여섯 명은 제이백 쿠 튀르의 슈트를 입었다. 이들은 평소의 자유분방한 이미지와 달리 단정 하고 고전적인 디자인의 검은색 턱시도를 입어 시상자로서 격식을 갖 췄다.

김서룡 디자이너가 전개하는 김서룡 컬렉션은 우아하고 클래식한 남성복을 선보이고 있으며, 백지훈 디자이너의 제이백 쿠튀르는 최고 급 오트 쿠튀르를 지향하는 남성복으로 현빈, 조인성 등 톱 스타들이 즐겨 입는 것으로 유명하다.

외신들은 방탄소년단의 레드카펫 룩을 소개하며, 한국의 맞춤 양 복에 관심을 보이고 있다. 보그는 "방탄소년단이 자신들의 플랫폼을 이용해 훌륭한 실력을 갖고 있지만, 알려지지 않은 디자이너를 조명했 다"고 평했다.

이 밖에도 방탄소년단은 자신들이 모델로 활동하고 있는 현대자동 차 펠리세이드를 타고 등장해 이목을 끌었다.

한편 그래미 어워즈는 미국 레코딩 아카데미가 주최하는 대중음악 시상식으로, 방탄소년단은 한국 가수 최초로 이번 시상식에 참석했 다. 레드카펫에서 리더 RM(25)은 "놀랍다. 그래미 어워즈에 오는 것이 소원이었는데 꿈을 이뤘다"고 소감을 밝혔다.

5

"나를 만든 건 분노…
관행·관습, 적당한 타협이 싫었다"

- 조선일보 이정구 기자 2019.02.27.

'방탄의 아버지' 방시혁, 서울대 졸업식서 축사

"저에게는 꿈 대신 분노가 있었습니다. 납득할 수 없는 현실, 저를 불행하게 하는 상황과 싸우고 화를 내고 분노하며 여기까지 왔습니다."

아이돌그룹 '방탄소년단'을 성공시켜 '방탄 아버지'로 불리는 방시혁(47) 빅히트엔터테인먼트 대표가 26일 서울대 졸업식에서 축사했다. 방 대표는 서울대 인문대 미학과 91학번이다. 서울대 졸업식 축사는 그간 대통령과 고위 공직자, 교수 등이 맡아왔다.

방 대표는 대입 당시 "재수해서 서울대 법대를 가라"는 주변의 권유에도 성적에 맞춰 서울대 미학과를 선택했던 경험부터 이야기했다. '대학생 방시혁'에 대해 "꿈은 없지만 불만은 엄청 많은 사람이었다"고

했다.

그랬던 그가 한국 대중음악을 세계에 알리는 프로듀서가 될 수 있었던 이유에 대해 방 대표는 적당히 타협하지 않는 '비타협 정신'을 꼽았다. "최고가 아닌 차선을 택하는 무사안일에 분노했고, 더 완벽한 콘텐츠를 만들 수 있는데 여러 상황을 핑계로 적당한 선에서 끝내려는 관습과 관행에 화를 냈다"고 했다.

방 대표가 2005년 설립한 빅히트엔터테인먼트는 상장을 준비하고 있다. 업계에서 유니콘(기업 가치가 1조 원 넘는 비상장 기업)이라는 평가도 나온다. 2017년 영업이익(325억 원)은 SM, JYP, YG 등 '엔터테인먼트 빅3' 회사를 앞섰다.

방 대표는 졸업생들에게 "자신만의 행복을 정의하라"고 했다. "지금 큰 꿈이 없고 구체적인 미래의 모습을 그리지 못했다고 자괴감을 느낄 필요가 전혀 없다"는 것이다. 그러면서 "남이 만들어놓은 행복을 추구하려고 정진하지 마라"며 "본인이 행복한 상황을 정의하고 이를 방해하는 것들을 제거하며 끊임없이 추구하는 과정 속에서 행복이 찾아올 것"이라고 했다.

6

방탄소년단,
국제음반산업협회 선정 '세계적 가수' 2위

- 조선일보 김은영 기자 2019.02.27.

한국 가수 최초로 톱10 올라

'빌보드 200' 92위로 26주째 100위권

그룹 방탄소년단이 국제음반산업협회(IFPI)가 뽑은 세계적인 가수 2위를 차지했다.

26일(현지시간) 국제음반산업협회는 홈페이지에 '글로벌 아티스트 차트 2018'을 발표했다. 방탄소년단은 1위를 차지한 미국 힙합 가수 드레이크에 이어 2위에 올랐다. 한국 가수가 이 순위에 오른 것은 방탄소년단이 최초로, 영어가 아닌 외국어 앨범으로는 유일하게 10위권에 들었다.

이어 에드 시런(3위), 포스트 말론(4위), 에미넴(5위), 퀸(6위), 이매진 드래곤스(7위), 아리아나 그란데(8위), 레이디 가가(9위), 브루노 마스(10

위)가 뒤를 이었다.

'글로벌 아티스트 차트'는 국제음반산업협회가 매년 세계에서 판매되는 실물 앨범 판매량과 디지털 음원 다운로드, 오디오 및 비디오 스트리밍 수치를 합산해 집계한다.

국제음반산업협회는 "방탄소년단은 2018년 5월과 8월 각각 발표한 '러브 유어셀프 전 티어(LOVE YOURSELF 轉 Tear)'와 '러브 유어셀프 결 앤서(LOVE YOURSELF 結 Answer)'로 세계적인 성공을 거뒀다"면서 "방탄소년단은 글로벌 팬덤을 구축하고 K팝을 세계무대로 끌어올리는 데 큰 역할을 해왔다"고 선정 이유를 밝혔다.

한편, 방탄소년단은 '러브 유어셀프 결 앤서'로 빌보드 메인 앨범 차트인 '빌보드 200'에서 92위를 기록, 26주째 100위권에 올라있다

3장

IT·과학,
창의성 관련

1

얼굴은 한국인… 생활은 지구인…
내 생각은 프랑스인

- 조선일보 송혜진 기자 2017.11.11.

'행복한 이방인' … 韓佛 친선회장 조아킴 손 포르제 의원

입양아 출신 프랑스 하원의원의 거울 앞 고백

생후 3개월 마포에 버려져

1984년 프랑스 변호사 가정에 입양

피아노·쿵후·유도·태권도·의학… 하고 싶은 것 맘껏 할 수 있는
환경서 자라

의사·하프시코드 연주자로 성장

친부모님이 날 사랑하고 아껴서 더 좋은 곳 보내려고 버렸을 거
라 생각

"결점이 장점 만들어… 콤플렉스에 얽매이기엔 인생 짧죠"

정치는 딱 10년만

의사로 사는 것보다 더 많은 사람 돕고 싶어

세계를 무대로! 무대를 품 안에!

마크롱 부탁에 출마 결심

흠이 많아 높이 도약
결점 많아 노력 많이 해 그래서 도약 기회 마련

상처를 낫게 하는 건 사랑
한국 여성 만나 결혼… 아내 성 따서 손재덕
가족이란 울타리가 얼마나 소중한지 깨달아

"내가 유독 남과 다르다고 생각하지 않지만, 남들이 조금 다르게 볼 거라는 건 잘 안다. 나 스스로 더할 나위 없는 프랑스 사람이라고 느끼지만 욕실 거울엔 동양인 얼굴이 비친다… 우리는 그렇게 종종 과거의 기억과 조우한다. 꼭 부정적으로 볼 필요는 없다. 이를 통해 어디에서도 볼 수 없는 온전한 정체성을 구축해 나가고 있을 테니까."

프랑스 하원 의원 조아킴 손 포르제(34)가 2016년 1월 프랑스 한 비정부기구 뉴스레터에 기고한 내용 중 일부다. 포르제는 한국계 프랑스인이다. 1983년 7월 서울 마포 한 골목길에 버려진 그를 경찰이 발견했다. 생후 3개월 된 아기였다. 옷 안에는 '83년 4월 15일'이라고 쓴 쪽지가 들어 있었다. 경찰서에서 하룻밤을 보냈고 다음날 보육원으로 보내졌다. 아기는 이후 홀트아동복지회를 통해 1984년 1월 프랑스 중동부 도시 디종으로 입양됐다. 당시 입양 서류에 적힌 그의 이름은 '김재덕'이었다. 변호사인 아버지와 주부인 어머니는 그에게 조아킴이라는 프랑스 이름을 지어 주었다.

34년이 흘렀다. 버려졌던 아기는 스위스 로잔대학 신경방사선과 의사이자 하프시코드 연주자로 자라났다. 이름은 그사이 조아킴 손 포르제로 바뀌었다. 2014년 8월 결혼한 한국인 아내 손정수(32) 이름에서 성을 따 붙인 것이다. 한국 이름도 '손재덕'으로 바꿨다. 올해 6월엔 마크롱 대통령이 이끄는 '레퓌블리크 앙마르슈(전진하는 공화국)' 소속으로 해외 선거구인 스위스·리히텐슈타인 지역구에 출마, 74.88%의 표를 얻으면서 하원 의원에 당선됐다. 프랑스는 하원 전체 의석수 가운데 11석이 해외 선거구로 배정돼 있다.

조아킴 손 포르제를 서울에서 만난 건 지난달 말이었다. 한불친선 회장 자격으로 한국에 왔다고 했다. 인터뷰를 요청하자 그는 '일정이 빡빡하니 오전 8시 45분 서울 대학로에서 만나자'고 했다. 은행잎이 노랗게 물든 아침이었다. 감색 트렌치코트를 입은 포르제는 만나자마자 손을 내밀며 서툰 한국말로 "안녕하세요" 하고 인사했다. 서울 동대문 처가에서 오는 길이라고 했다. 인터뷰는 불어와 영어로 진행됐다.

거울 속의 나, 손재덕

✐ **서울이 처음은 아니시겠죠.**

"그럼요. 자주 왔어요. 아내와 장거리 연애할 때 스위스에서 비행기 타고 날아온 적이 있었죠. 그 이후로도 올 기회가 적지 않았고요. 이곳 사람들이 다 저처럼 생겨서 친근합니다. 서울 분들도 저를 친근하게 바라보는 것 같아요. 제가 막상 입을 열면 '앗, 외국인이었네' 하는 표정이 되지만요(웃음)."

✍️ 영락없는 한국인 얼굴을 지닌 영락없는 파리지앵인 거겠죠.

"그렇죠. 파리에선 제 얼굴을 보고 사람들이 외국인일 거라고 생각해요. 그런데 제가 말을 시작하면 '아, 프랑스 사람이었구나' 하죠. 이곳에선 그 반대인 거고요. 그렇게 양쪽을 왔다 갔다 하다 보면 보통 사람보다 '나는 누굴까'에 대한 생각을 아무래도 더 많이 하게 되죠. 아주 어린 시절부터 그 생각을 꽤 많이 했어요. 이젠 그 답을 찾았지만요."

✍️ 당신은 그럼 누구인가요.

"얼굴은 한국인, 생각은 프랑스인, 생활 반경은 지구인이죠. 과학과 수학, 음악과 정치에 관심이 많고, 궁극적으로는 세상 모든 것에 호기심이 넘치는 사람이죠. 무엇보다 하고 싶은 일을 마음껏 할 수 있는 환경에서 자란 행운아입니다. 레이블(lable)이 제법 길죠. 그래서 남다르고요(웃음).

조아킴의 부모는 세 남매를 모두 외국에서 입양해 키웠다. 세 아이 출신국이 모두 다르다고 했다. 조아킴이 어릴 때는 정규 학교에 보내는 대신 홈스쿨링(가정에서 가르치는 것)을 했다. 학교 교실에 갇혀 지내는 대신 자연에서 맘껏 뛰어놀도록 했다. 조아킴은 새와 풀벌레에 열광했다. 조류학 서적을 쌓아 놓고 탐독했다. 다섯 살엔 누이와 함께 피아노를 쳤다. 누이는 반복 훈련을 통해 연주를 익혀야 하는 피아노 수업에 금방 싫증냈지만 그는 달랐다. 연주에 남다른 재능을 보였다. 중학교까지 피아노 연주 전문교육을 받았다. 열 살 무렵엔 무술에 심취했다. 쿵후·유도·태권도에 빠져들었다. 고등학교에 진학할 무렵엔 의학에 관심을 갖게 됐다. 피아노도 쿵후도 모두 몸을 쓰는 일이었기 때문이다. 메디컬 스쿨로 옮겼고 그랑제콜(대학)인 파리고등사범학교에서는 인지과학을 전공했다. 2008년부터는 스위스 로잔대학 병원에서 신경방사선과 의사로 일하기 시작했다.

🎙 **갖가지 분야에 관심을 가졌던 건 키워주신 부모님 영향인가요.**

"글쎄요, 그건 아닐 겁니다. 전 열 살 무렵부터 굉장히 독립적으로 자랐거든요. 혼자 궁금한 분야를 찾아냈고 스스로 파고들었죠. 그 덕에 강하고 단단하게 컸다고 자부해요. 누구에게도 의지하지 않는 성격 때문에 남에게 상처를 줄 때도 있었겠지만요."

🎙 **상처를 줬다고요?**

"그럼요. 자립심이 강한 성격이라는 건 그만큼 누군가와 빨리 헤어지고 싶어 한다는 뜻이기도 하니까요. 그건 부모님이 될 수도 있고 친구가 될 수도 있어요. 세상일엔 언제나 양면이 있습니다. 강함과 약함은 늘 함께 붙어 다니죠. 제 인생이 그렇고, 우리 모두의 인생이 또 그렇겠죠(웃음)."

흠이 많아 도약할 수 있었다

조아킴이 한국을 처음 방문했던 건 2009년이다. 친부모를 찾고 싶어서였다. 부모가 입양할 때 받았다는 홀트아동복지회 서류를 들고 이곳저곳을 헤맸다. 서류엔 아쉽게도 빈 곳이 너무 많았다. 김재덕이라는 이름을 누가 지은 건지조차 제대로 확인할 수 없었다. 결국 그는 친부모 흔적을 찾지 못하고 스위스로 돌아갔다.

그 이후로는 친부모님을 찾지 않았나요.

"그럴 여유가 없었어요. 일이 너무 바빴죠. 그 이후로도 종종 그때를 떠올려 봤어요. 이젠 이런 생각을 합니다. '굳이 친부모님을 애타게 찾아 나설 필요가 있을까. 나는 이제 내가 누구인지 선명하게 알고 있지 않은가' 하고요. 누군가가 친부모님을 찾아주신다면 물론 기꺼이 만나겠지만 억지로 제 시간과 에너지를 써가며 찾아 헤맬 필요까진 없는 것 같아요. 그동안 더 열심히 충실히 제 인생을 사는 게 낫다고 생각했어요."

친부모님의 사정이 궁금하지 않나요.

"어릴 때 버려졌던 이유는 알 수가 없죠. 부모님이 가난했을 수도 있고 또 다른 사정이 있었을 수도 있겠죠. 그래도 곰곰이 생각해보면 결국 절 사랑하고 아껴서 지금보다 더 나은 어딘가로 보내주고 싶은 마음에 버렸을 것도 같아요. 복잡한 이야기죠. '사랑받아서 버려졌다'는 얘기니까요. 하지만 전 이제 이해합니다. 덕분에 더 많은 일을 할 수 있게 됐고요. 뿌리에 관심을 갖다 보니 어릴 때부터 아시아 역사와 지리를 열심히 공부했어요. 문학작품도 많이 읽었죠. 그 과정에서 사고가 깊어졌고 사는 세계의 반경이 넓어졌어요. 이젠 자신 있게 말할 수 있어요. 콤플렉스가 없다고요. 무엇보다 그런 것에 얽매이기엔 삶이 참 짧죠."

'인생은 짧다'는 조아킴에게 좌우명 같은 문장이다. 아내 손정수 씨는 "남편은 시간을 허투루 보내는 것을 무척 싫어한다. 놀 땐 누구보다 진하게 놀고, 쉴 땐 완벽하게 쉰다. 일할 땐 몰두해서 일하고 가족과 시간을 보낼 때도 최선을 다한다. 그런 그가 때론 안쓰럽기도 하지만, 그런 열정이 나를 반하게 했다"고 했다. 요즘도 조아킴은 틈나면 피아노와 하프시코드를 연습한다. 지난 2월엔 제네바에서 시리아 난민 돕기 공연을 열고 하프시코드를 단독으로 연주했다. 코소보 독립과 이스라엘의 팔레스타인 정책에도 관심이 많아 알바니아어와 히브리어까지 배웠다. 영어·프랑스어를 비롯해 4개 국어를 할 수 있다.

  많은 것을 왕성하게 익히고 배우는 것도 삶을 낭비하기 싫어서인가요.

"어려서 버려졌기 때문인지는 모르겠어요. 제약에 얽매이는 것을 싫어합니다. 세상 무엇의 방해도 받지 않고 내 것으로 만들 수 있는 그 무엇에 관심이 많아요. 제가 돈·시간·에너지를 쏟아 새로운 지식이나 기술을 익히는 것도 그래서죠. 그렇게 익힌 지식은 완벽한 제 것이 되거든요. 그 누구도 뺏어갈 수 없죠. 인간은 누구나 시간의 제약을 받고 살지만, 열심히 공부하고 이곳저곳을 옮겨 다니며 활동하다 보면

적어도 공간의 제약은 덜 받고 살겠죠."

✂ <u>실패라곤 모르는 삶처럼 들리기도 합니다.</u>

"그럴 리가요." 조아킴은 "실패의 경험을 다 말하려면 너무 오래 걸려서 그렇죠"라면서 "하프시코드와 피아노 얘기를 해보겠다"고 했다. "처음부터 제가 연주를 잘했을 리가 없잖아요. 몇몇 연주자 CD를 반복해서 들으면서 혼자 탄식할 때가 있었어요. '대체 연주 몇 번을 더 망쳐야 저렇게 치게 될까' 하고요. 하지만 듣고 따라 하고 또 듣고 따라 하다 보니 어느 순간 제 연주 실력이 늘었죠. 그 연주자들을 그토록 부러워했는데 어느 순간 보니 그들이 제 친구가 돼 있었어요. 사람에게 흠은 참 중요한 것 같아요. 전 흠이 많아서 노력을 많이 했고 그덕에 도약도 했죠. 결점 덕에 장점이 생기는 거죠."

정치는 딱 10년만

조아킴은 2012년 사회당 당원으로 정치 활동을 시작했다. 이민자 삶에 관심이 많았다. 이들 정착을 돕는 운동에도 참여하고 다양한 모금 활동을 벌였으나 2년 만에 탈당했다. 정치인 밥그릇 싸움을 보는 것에 염증을 느꼈기 때문이었다. 조아킴은 "그들의 관심은 그저 의원 자리를 유지하는 데만 있는 것처럼 보였다"고 했다.

마크롱 대통령을 처음 만난 건 작년 4월 '21세기 클럽' 행사에서였다. 북아프리카·아시아 출신 젊은이들을 돕는 모임이었다. 또 다른 한국계 입양아 출신인 플뢰르 펠르랭 전 프랑스 문화부 장관이 이 모임의 회장이었다. 조아킴은 당시 경제부 장관 자격으로 모임을 찾은 마크롱 대통령과 금세 친해졌다. 마크롱 대통령은 이후 조아킴에게 "나를 도와 스위스 제네바 지역구를 맡아 달라"고 부탁했고 조아킴은 출마를 결심했다.

🎙 의사로 사는 것만으로는 충분하지 않았나요.

"더 많은 사람을 돕고 싶었어요. 제대로 정치한다면 가능하다고 생각합니다. 그렇다고 길게 할 생각은 없고 딱 10년만 하고 싶어요. 이후엔 뭔가 또 다른 것에 빠져 있겠죠. 지금까지 그랬던 것처럼요(웃음)."

최근 그는 공무원 수를 줄이고 임금을 동결하는 마크롱 정부 노동 개혁에도 찬성 목소리를 내고 있다. 현지 언론과의 인터뷰에서 "나는 진보적 우파인 동시에 사회주의 성향을 지닌 우파(I embody the liberal right, but a social right)"라고 말하기도 했다. 조아킴은 "기회를 모두에게 주는 세상, 더 많은 이가 자유롭게 교류하는 세상을 만드는 게 목표"라고 했다.

그래도 사랑은 상처를 덮는다

조아킴이 아내 손정수 씨를 만난 건 2013년 프랑스 파리에서다. 손 씨는 당시 이화여대 식품영양학과를 졸업하고 프랑스 부르고뉴대에서 박사과정까지 마친 상태였다. 둘은 파리에서 딱 사흘간 데이트했다. 손 씨 역시 첼로와 피아노, 하프시코드 연주에 능했고 음악에 관심이 많았다. 짧고 강렬한 만남이었다. 손 씨가 귀국하자 조아킴은 그녀를 보기 위해 휴가를 내고 서울로 날아왔다. 청혼은 영국 런던에서 했다.

관광 명소로 꼽히는 회전 관람차 '런던아이'에 올랐을 때 조아킴이 반지를 내밀었다. 만난 지 6개월밖에 안 됐을 때였다. 조아킴은 "아내와 모든 것이 잘 통한다고 느꼈다. 결혼을 고민할 이유가 없다고 생각했다"고 했다. 두 사람 사이에는 두 살배기 딸이 있다.

연애와 결혼은 그래도 또 다르죠.

"전혀 다른 사람 둘이 만나 부딪치고 대화하고 이해하는 과정이죠. 전 뼛속까지 프랑스 사람이고 아내는 말 그대로 한국인이고요. 가끔은 도저히 이해할 수 없을 때도 있지만 또 그래서 같이 사는 게 재밌죠. 아이를 낳고서는 쉽지 않지만 그래도 종종 아내와 집에서 함께 바로크음악을 연주해요. 바로크음악은 워낙 복잡하고 정교해서 악보를 읽는 것도 쉽지가 않죠. 누가 악보를 빨리 읽나 내기합니다(웃음).

보통은 아내가 저보다 악보를 빨리 읽죠. 서로 그렇게 소리를 주거니 받거니 하다 보면 대화하는 기분이 들어요. 또 다른 차원의 대화인 거죠." 아내 손 씨는 "남편은 모든 면에서 행동가다. 나는 그 보조를 맞춰 함께 뛴다. 연주도 비슷하다. 쉽지 않지만 즐거운 등산과도 비슷하다"고 했다.

누구나 부모는 처음이죠. 아내와 아이를 기르면서 또 많은 생각을 할 것 같은데요.

"그럼요. 아이를 키운다는 건 시행착오의 연속이죠. 그래도 천천히 나아지고 있어요(웃음). 아내를 만나면서 장모님과 알게 됐고, 한국을 오가면서 많은 친척을 또 만났어요. 이들과 함께 삼겹살·김치·더덕구

이도 먹고 이렇게 저렇게 어울리면서 가족이란 울타리가 또한 얼마나 소중한지 다시 배우고 있어요. 제 아이에게도 다른 걸 해줄 필요는 없고 그저 그렇게 따뜻한 울타리가 되어주고 싶어요. 조건 없이 사랑해주고 가능한 한 많은 경험을 할 수 있도록 도와주면 되는 것 같아요. 뭘 하라고 강요할 필요도 없고 애써 가르칠 필요도 없고, 그거면 되는 것 아닌가 싶습니다."

상처를 낫게 하는 건 결국 또 다른 만남인 건가요.

조아킴은 준비라도 한 것처럼 대답했다. "사랑이죠. 그것 외엔 답이 없습니다."

2

괌 기지 오가는 美 핵잠수함…
中, 바다 밑서 엿듣고 있었다

- 조선일보 유용원 군사전문기자 2018.01.24.

괌 인근 2곳에 최첨단 청음장치

1000㎞ 떨어진 잠수함도 탐지, 해저 1만m까지 추적도 가능

美, 日~대만 등 전 세계에 감시망… 대한해협에도 음향 탐지기 설치

중국이 미국령인 괌 인근 1만m가 넘는 심해(深海)에 미국의 핵잠수함 동향을 추적할 수 있는 최첨단 '도청(청음) 장치'를 운용하고 있다고 홍콩 사우스차이나모닝포스트(SCMP)가 23일 보도했다. 미국은 중국에 앞서 일본 오키나와 인근 등지에 길이 수백㎞가 넘는 청음 해저 케이블을 설치해 태평양으로 진출하는 중국 핵잠수함 등의 움직임을 감시해 왔다. 해양 굴기를 가속화하고 있는 중국과 이를 견제하려는 미국 사이에 치열한 해저 첩보전이 벌어지고 있는 것이다.

이날 SCMP에 따르면 중국은 2016년부터 서태평양 지역 괌 주변

심해에 미 해군 잠수함의 운항 정보 등을 파악할 수 있는 '감시 네트워크'를 운용하고 있는 것으로 나타났다. 감시 네트워크는 미 잠수함의 스크루 소리 등 음향을 탐지하는 해저 장치다. 서태평양의 미군 핵심 기지인 괌 서남쪽에서 300㎞ 떨어진 마리아나 해구의 '챌린저 딥'과 500㎞ 떨어진 야프섬 인근 두 곳에 설치됐다.

감시 장치는 해수면 위의 부표와 케이블로 연결돼 적 잠수함의 움직임을 부표 내 위성통신 장치에 모으는 방식으로 작동된다. 최신 음향 센서를 갖추고 1년 이상 유지되는 고성능 배터리를 장착하고 있다. 최대 1000㎞가량 떨어져 있는 잠수함의 위치와 움직임 추적은 물론 해저 1만여m에서도 작동이 가능한 것으로 알려졌다.

앞서 2015년 일본 언론은 미 해군과 일본 해상자위대가 오키나와를 거점으로 난세이(南西)제도의 태평양 쪽을 광범위하게 탐지할 수 있는 잠수함 음향 감시 시스템(SOSUS)을 부설했다고 보도했다. 최신형 SOSUS의 가동으로 미·일은 서해와 동중국해에서 태평양으로 빠져나가는 대부분의 중국 잠수함을 탐지할 수 있는 것으로 전해졌다.

최신형 SOSUS는 오키나와현 화이트비치 해군기지 안에 있는 해상자위대 해양관측소를 거점으로 두 가닥의 긴 해저 케이블로 구성돼 있다. 하나는 규슈 남부, 다른 하나는 대만 근해까지 늘어져 각각 길이가 수백㎞에 달한다.

지난 12일 동중국해에서 일본 해상자위대의 추적에 물 위로 부상한 중국 상(商)급 핵추진 잠수함 탐지도 최신형 SOSUS의 도움을 받았을 가능성이 제기된다. 중국 잠수함은 지난 10일부터 11일에 걸쳐 오키나와현 미야코지마(宮古島)와 센카쿠 열도의 다이쇼지마(大正島)에 인접한 접속수역을 부상하지 않은 채 수중으로 항행했다. 이에 일본 해상자위대의 호위함 등이 추적에 나서면서 접속수역 밖으로 퇴거를 경고하자, 중국 잠수함은 12일 동중국해 공해상에서 부상해 오성홍기를 내걸었다. 잠수함의 부상은 사실상의 '항복'을 의미한다.

미국은 냉전 시절에도 구소련 잠수함을 겨냥해 영국~아이슬란드~그린란드(GIUK) 갭 라인(길이 1860㎞), 대한해협, 쓰가루해협 등 전 세계에 걸쳐 광범위한 수중 청음 감시망을 설치, 운용했다. 미국은 해저 청음 감시 시스템을 잠수함을 추적하는 구축함과 초계기, 수중 드론에 장착한 모바일 감지기를 연동해 운용하는 방안도 시도하고 있다. 이 같은 해저 첩보전은 동해로 영역을 확장할 가능성이 높다. 수심이 깊어 '잠수함 천국'으로 알려진 동해는 우리나라와 북한뿐만 아니라 미국, 러시아, 일본의 잠수함 각축장이 된 지 오래다. 중국도 핵추진 잠수함의 동해 진출을 노리고 있다.

3

학교에선 늘 꼴등이었지만
'생각하는 방식'이 달랐다

-한국경제 공병호 〈공병호연구소 소장〉 2018.11.01.

공병호의 파워독서

가구 팔아 5조 원 매출 올린
일본 니토리홀딩스 창업주

美서 가구 싸게 파는 것 보고 충격
'日에 저렴한 가구 보급하겠다' 다짐

30년에 걸쳐 달성할 목표 세우고
30년 10년 5년 1년 1주 단위로 세분화
전 임직원이 실천에 옮기는 중

거북이 CEO
니토리 아키오 지음 / OCEO

세계를 무대로! 무대를 품 안에!

가구를 팔아서 5조 원의 매출을 올릴 수 있다는 것만으로도 놀랍다. 《거북이 CEO》(OCEO)는 일본을 대표하는 가구회사 니토리홀딩스의 니토리 아키오 창업주가 쓴 기업경영 자서전이다. 학습 열등아로 출발해 정상의 자리에 이른 그의 입지전적인 이야기에는 저자 특유의 인생경로와 기업경영 방식이 풍성하게 담겨 있다. 어떻게 하면 성공적인 인생을 만들 수 있을까를 고민하는 사람이라면 읽어볼 만한 책이다.

세상일이 학교 성적으로 결정됐다면 그는 도저히 성공할 수 없는 사람이었다. 학교생활과 성적에서 그는 열등한 수준에서도 뒤쪽 그룹에 속했던 인물이기 때문이다. 그는 대학을 들어갈 수 없을 정도로 학습 지진아였다. 하지만 그는 '생각하는 방식'이 달랐다. 그것이 그의 인생을 구했다. 일이 잘 안 풀릴 때 세상을 원망하는 소리부터 높아지는 이 시대에 우리에게 가르쳐 주는 교훈이 크다.

저자는 27세가 되던 해에 대단한 경험을 하게 된다. 미국 가구업계를 둘러보면서 성공의 진리에 대해 깨우친 것이다. 미국 시찰 이전까지만 하더라도 머리를 꽉 채운 생각은 조금 벌어서 내 식구들만 먹고살면 된다는 것이었다. 미국에서 그가 받은 충격은 가구 가격이 너무 싸다는 것이었다.

그는 일본인들도 미국인처럼 저렴한 가구를 소비할 수 있도록 자신이 도울 수 있어야 한다고 생각했다. 니토리 회장은 "미국에서 받은 충격과 감동이 내 인생관 자체를 바꾼 것"이라며 "거기서부터 내 삶의 방식이 바뀌었고 니토리의 진격이 시작됐다"고 서술한다.

그의 생각은 어떻게 변했을까. 그가 말하는 큰 뜻이란 무엇을 말하는 것일까. 이에 대해 그는 "사람을 위해, 세상을 위해, 자신의 인생을 걸고 공헌하고자 하는 마음가짐을 뜻한다"고 강조한다. 희생과 헌신이란 단어가 점점 흐릿해지는 시대에 다소 시대 변화와 동떨어진 주장처럼 보일 수 있다. 하지만 세월은 값어치가 있는 것일수록 희생과 헌신 없이 얻을 수 있는 것은 없다는 것을 가르쳐 준다. 그는 이런 큰 뜻을 세운 다음 당시 일본체인스토어 이론의 1인자로서 스승 노릇을 하고 있던 컨설턴트 아쓰미 이치로부터 철저한 지도를 받는다.

저자는 자신이 성공한 요인을 다섯 가지로 압축해 보여준다. 큰 뜻, 비전, 의지, 집념 그리고 호기심이다. 저자는 이를 자신의 인생경영에서뿐만 아니라 기업경영에서 철저하게 실천에 옮긴다.

저자는 이를 위해 30년에 걸쳐 달성할 수 있는 야심적인 목표를 세운 다음에 역순으로 시간을 단축해 가는 방식을 사용했다. '워크 디자인'이라 부르는 효과적인 방법이다. 목표를 30년, 10년, 5년, 1년, 1주일 단위로 세분화해 전 임직원이 실천에 옮기고 있다.

주식으로 지급된 보너스로 임직원들을 부자가 되게 한 것도 그의 공헌이다. 직원들의 평가시스템부터 시작해서 사람을 조련하는 방법, 출점과 점포 관리 등에 이르기까지 실용 지식과 사례가 풍성한 책이다.

참고문헌: 《거북이 CEO》, 니토리 아키오 / 오쎄이오 / 2017년

4

만화가에서 웹툰 수출사 대표로…
윤석환 DCC 창업자

- 조선일보 조선비즈 박지환 기자 2018.11.11.

"제 꿈은 드래곤볼·원피스·건담처럼 세계에서 통하는 초대형(MEGA) 지적재산권(IP)이 가능한 웹툰을 제작하고, 드림커뮤니케이션(이하 DCC)을 한국의 마블로 만드는 것입니다."

겨울을 재촉하는 비가 내리던 지난 7일 서울 구로구 가산동 드림커뮤니케이션에서 애니메이터 (animator) 출신의 사업가 윤석환 대표(사진·38) 를 만났다. 그를 만나기 전에는 TV에서 가끔 본, 별로 꾸미지 않는 웹툰 작가의 이미지를 생각했 다. 하지만 그는 옷을 깔끔하고 맵시있게 잘 입는 댄디보이였다. 짧게 자른 옆머리에 긴 윗머리를 넘긴 모습이 인상적이었다.

윤 대표는 제작한 웹툰(인터넷 만화)을 카카오, 탑툰, 텐센트(중국), 픽코마(일본), 타파스(미국) 등 국내외 유료 웹툰 플랫폼에 공급하는

DCC를 운영하고 있다.

DCC 사무실은 '장난감 천국'이었다. 다양한 캐릭터 장난감들이 회사 이곳저곳 장소를 가리지 않고 놓여 있었다. 회사에서 가장 많은 공간을 차지하는 주인공처럼 느껴졌다.

장난감은 관절이 움직일 수 있도록 만들어 다양한 동작을 표현할 수 있는 인간·동물 형상의 모형 장난감인 '피규어'였다. 셀 수 없이 많은 피규어가 진열된 커다란 장식장이 여러 개 있었고, 사무실에서 일하는 모든 직원의 책상에도 수많은 피규어들이 자리잡고 있었다. 마치 회사는 피규어들의 세상이고, 직원들은 장난감 세상에서 일하는 거인처럼 느껴졌다.

윤 대표의 사무실도 업무용 테이블과 접대용 테이블을 제외한 모든 공간을 피규어가 장악하고 있었다.

🐌 **회사가 장난감 카페같다. 너무 많아 몇 개 가져가도 모를 것 같다.**

"모두 3000~4000개 정도 되는 것 같다. 정확한 숫자는 나도 세어 보지 않아 모른다. 모두 피규어다. 개인적으로 피규어를 좋아하다 보니 하나둘 산 것이 이렇게 많아졌다. 매일 보고 만지다 보니 하나만 사라

DCC 직원 책상에서 바라본 사무실 내부. 다양한 피규어 천국이다. 박지환 기자.

져도 알 수 있다. 직원들이 좋아하는 피규어를 대여해준다. 대신 내가

도서대출 장부처럼 피규어 대여 장부를 만들어 꼼꼼히 관리하고 있다. 직원들 책상에 있는 장난감도 다 내꺼다." (웃음)

🐝 **취미라고 하기엔 너무 많은 것 아닌가.**

"돈을 좀 썼다. 정확한 액수는 비밀이다. 피규어를 좋아해 모으는 것이 취미이긴 하지만 오롯이 나만을 위한 것은 아니다. 회사 업무와도 관계가 밀접하다. 인기가 많은 피규어의 대다수는 만화의 주인공들이다. 우리 회사도 만화의 지적재산권(IP)을 확보해 피규어를 만들고 있다. 참고로 우리 회사의 정체를 좀 쉽게 설명하면 근본은 인터넷을 이용한 만화제작사다. 그리고 피규어 사업에도 진출했다."

🐝 **웹툰이 본업이고 피규어 사업도 진행 중이라는 얘긴가.**

"그렇다. 아직까지는 아주 유명하지는 않지만 이미 피규어 사업을 진행 중이다. 김청기 감독이 만든 로봇태권브이 IP를 확보해 피규어를 위탁생산, 판매하고 있다. 앞으로 대상을 확대할 계획이다."

🐝 **IP를 사서 피규어 사업을 하려면 자금이 많이 들 것 같은데.**

"우리의 주력 사업은 웹툰 제작이다. 우리 회사가 만든 웹툰 주인공을 피규어로 만들 계획이다. 대표작인 '왕의 딸로 태어났다고 합니다(이하 왕의 딸)'와 '아도니스', 'H메이트' 등은 한국 웹툰 시장에서 1위를 차지할 정도로 인기다.

중국 일본 등의 해외시장에서도 주목하고 있다. 왕의 딸은 이미 중국 시장에서 30억뷰(누적 기준)를 돌파했다. 아도니스도 중국과 일본 시장에서 인기가 높다. 성인 웹툰인 H메이트도 국내는 물론이고 해외에서 인기다. 이들 웹툰의 IP를 활용해 피규어를 제작할 계획이다. 그리고 좀 더 지난 뒤에는 해외 유명 만화의 주인공 IP도 확보해 피규어로 만들 생각이다."

✍ 피규어 사업에 대해 좀 더 자세히 설명해 달라.

"올해 1월부터 태권브이767 피규어를 만들어 판매하고 있다. 홍콩 완구회사인 GFT 그룹에서 제작하고 우리는 이를 들여와 판매 중이다. 당초 마니아들을 위한 제품이었으나 대중에게 선보였을 때 마니아들보다 반응이 더 뜨거웠다. 초기 생산 물량을 모두 소진해 2차 생산을 요청했다. 12월에 나온다.

의도하진 않았는데 지상파 예능방송에서 한 출연자가 태권브이767과 마주하며 식사하면서 간접광고가 확실히 된 것 같다. 태권브이와 관련해서는 앞으로 메탈릭태권브이, 블랙태권브이, 골드태권브이 등 다양한 색상의 제품을 출시할 계획이다.

왕의 딸, 아도니스 피규어도 순차적으로 선보일 계획이다. 이들 작품은 인기가 많으니 주인공 피규어도 잘 팔릴 것으로 기대한다. 특히 왕의 딸은 중국에 진출한 한국 웹툰 1위다. 피규어 상품 역시 중국을 메인으로 일본까지 확장할 생각이다."

✍ 다른 사업도 계획 중인가.

"한국 웹툰 시장은 정체다. 그래서 우리 회사는 이미 중국과 일본 등 해외시장에 진출했고, 어느 정도 안정적으로 자리를 잡았다. 앞으로 미국 시장에도 진출할 계획이다. 또 사업 다각화 차원에서 원작의 IP를 활용한 피규어와 문구 사업을 비롯해 다양한 사업도 추진하고 있다. 중장기적으로 미국에서는 웹툰 플랫폼을 운영할 계획도 가지고 있다. 웹툰 주인공을 활용한 애니메이션 영화와 드라마 사업도 검토 중이다. 시간이 지나면 게임 전문회사와 우리 회사의 웹툰을 게임으로 만들 계획도 가지고 있다."

✎ 사업을 너무 확대하는 것 아닌가.

"그렇게 보일 수도 있지만 나름 계산이 있다. '원소스 멀티유즈' 전략이다. 웹툰을 제대로 만들고 인기를 얻으면 웹툰의 IP를 활용해 피규어와 문구 등을 제작 판매하는 것은 그다지 어렵지 않다. 홍대 카카오프렌즈 매장에 가보면 쉽게 이해할 수 있다. 요즘 어린이들뿐만 아니라 청소년과 20대까지 카카오 프렌즈에 열광하고 있다."

✎ 추진하려는 모든 사업의 뿌리가 웹툰인 것 같다. 웹툰을 시작하게 된 배경은.

"어렸을 때부터 웹툰을 좋아했다. 아무래도 부모님이 맞벌이다 보니 인터넷과 만화 등으로 시간을 많이 보내서 그런 것 같다. 인문계 고등학교에 진학했지만 공부에 큰 관심이 없었다. 좋아하는 일을 하고 싶었다. 그래서 고등학교를 졸업하고 대학 대신 직업학교(호서전문학교)에서 애니메이션 제작을 본격적으로 배웠다. 직업학교를 졸업하고 만화회사에 취직해서 일하다가 내 회사를 차렸다. 지금 추진하는 사업들은 모두 애니메이션과 만화를 기반으로 하고 있다."

🎙 돈을 꽤 벌었나 보다. 사업을 확장하려면 자금이 넉넉해야 할 텐데.

"최근 2~3년간 연평균 매출이 20억 원쯤 된다. 올해는 매출이 크게 올라 60억 원은 무난할 것으로 예상된다. 왕의 딸이나 아도니스 등은 한국뿐만 아니라 해외에서도 인기가 높다. 이들 웹툰의 IP를 활용해 완구와 문구류 등으로 사업을 확장하면 회사가 지금보다 훨씬 빠르게 성장할 것으로 기대된다. 외부의 우리 회사에 대한 평가도 긍정적이다. 회사의 성장성을 높게 평가해 지분 10%를 40억 원에 인수하겠다는 제의도 받았다."

🎙 웹툰시장이 성숙기라는 얘기를 들었는데 의외다.

"현재 웹툰은 성장기에서 성숙기로 가고 있다. 아직도 불법다운로드 사이트나 '웹툰은 무료로 봐야지' 하는 인식과 싸워야 한다. 또 작가와 플랫폼 간의 갈등 등 해결해야 할 요소가 많다. 그래도 조금씩 좋아지고 있다. 중국 일본 등 해외 플랫폼이 점점 안정화하면서 국내 시장을 보완해 주고 있다.

그리고 우리는 해외 웹툰 플랫폼, 피규어, 애니메이션, 문구 등 웹툰과 관련한 다양한 2차 사업을 추진하고 있다. 이미 영화나 드라마에서 큰 성과를 올린 웹툰 작품도 나왔다. 이런 점을 상황을 고려하면 완구, 문구 등도 조만간 이런 상황이 재현될 것으로 기대한다."

🐝 애니메이터에서 사업가로 변신하게 된 이유는.

"일을 하다 보니 제작·기획 등 내가 사업에도 소질이 있다는 것을 깨달았다. 그림을 그리는 일은 시간도 오래 걸리고 정성을 쏟아야 하는 일인데 사실 내가 성격이 좀 급하다. 사업가 위치에 서보니 그림을 좀 더 넓게 볼 수 있는데 이 점도 의미가 크다."

🐝 사업가로 변신한 뒤에 어려웠던 시절도 있었을텐데.

"피처폰에서 스마트폰으로 넘어가는 시점에 정말 힘들었다. 모바일 만화 시장이 갑자기 시들해졌다. 그 때는 스마트벤처학교, 청년창업 1000프로젝트 등 정부지원 사업으로 근근히 버텨냈다."

🐝 앞으로 목표는.

"만화쟁이로서의 근본 목표는 만화를 통해 많은 사람에게 긍정적인 영향을 주는 것이다. 우리는 재밌는 콘텐츠를 만들어내는 창의력을 인정받았고, 그 덕분에 각종 만화서비스 플랫폼으로부터 러브콜을 받고 있다. 우리의 작품을 볼 사람이 많아진 셈이다. 이를 활용해 웹툰 독자들에게 긍정적인 영향을 미치기 위해 노력할 것이다.

회사 차원에서는 내년에 올해보다 2배쯤 많은 창작을 할 것이고, 웹툰을 이용한 피규어, 문구 등 2차 사업 역시 활발하게 진행해 회사를 키울 계획이다. 또 향후 5년 안에 글로벌 IP 생산공장으로 자리잡아 1조 이상의 회사를 만들고 싶다."

🎤 **창업을 계획 중인 후배들에게 해주고 싶은 얘기가 있다면.**

창업은 사납고 굶주린 호랑이 등에 타는 것과 같다. 잘될 때는 호랑이 등 위에서 무서울 것 없이 전진하지만 등 위에서 떨어지면 순식간에 잡아먹힐 수 있다. 그래서 사업을 시작하기 전에 많은 준비와 분석을 해야 한다. 사업을 꿈꾸는 이들이 주변으로부터 검증을 많이 받고 신중하게 시작하면 좋겠다."

윤석환 대표는

◆ 1980년 수원 출생

◆ 창현고, 호서전문학교

◆ 이안테크, 에어패스, 아톤텔레콤 재직

◆ 2009년 드림커뮤니케이션 창업

5

"테이프 필요 없는 박스…
10년 택배 경험 담았죠"

- 한국경제 김낙훈 중소기업전문기자 2018.11.12.

택배기사 · 금형업체 직원 형제와 중소기계사 대표의 콜라보

골판지 상자 끝에 날개 달려
점착제 칠한 부분에 접으면
종이접기 방식으로 박스 완성

박스기계전문기업 '에이스기계'
상자 뒤집는 기술 개발해가며
시간당 1만 개 생산 기계 제작

1t 트럭으로 10년째 택배기사 일을 하던 황금찬 씨(46)는 택배상자가 불편하다는 생각이 자주 들었다. 택배상자를 테이프로 붙이다 보니 포장하고 뜯어내는 데 시간이 적잖게 걸렸다. 테이프 비용도 들었다. 소비자 입장에선 분리배출이 귀찮은 문제다. '테이프가 필요 없는

택배상자를 개발할 수 없을까.'

형제가 개발한 '테이프 필요 없는 상자'

서울 양평동 금형공장 직원인 동생 황규찬 씨(42)와 머리를 맞댔다. 20년가량 금형을 제작해온 동생과 3년 동안 연구한 끝에 올해 초 '테이프가 필요 없는 택배상자(날개박스)'를 개발했다. 사전에 정교하게 디자인된 이 제품은 접는 선 부분이 프레스로 눌려져 있고 외곽은 잘려져 있다. 골판지 외부엔 친환경 핫멜트라는 점착제가 칠해져 있어 별도의 테이프가 필요 없다.

종이접기 방식으로 손으로 간단하게 조립하면 된다. 전체가 재활용품이어서 분리배출할 필요도 없다. 상자를 손으로 개봉할 수 있다. 커터칼 등으로 택배상자를 개봉할 때 의류 등 내용물이 찢어지는 상황을 예방할 수 있다. 택배상자에서 테이프를 떼낼 때 발생하는 소음도 사라졌다. 관련 특허를 등록했다.

형제는 올해 초 제품 이름과 같은 날개박스라는 회사를 창업했다. 골판지 상자 끝에 날개가 달려 있어 붙은 이름이다. 이를 핫멜트가 칠해진 부분에 접으면 박스가 완성된다. 동생인 황규찬 씨가 대표, 형인 황금찬 씨가 부장을 맡았다.

양사개요

날개박스		에이스기계
황규찬	대표	이철
2018년	창업	1993년
파주	본사	시화MTV
시화MTV	공장	시화MTV
테이프 필요없는 택배상자	제품	포장박스 자동접착기

문제는 제대로 된 기계를 제작하는 일이었다. 기계를 제작하려면 공장과 설비가 필요했지만 이를 마련할 자금이 없었다.

지난 4월 경기 시화멀티테크노밸리(MTV)에 있는 포장상자 자동접착기 전문업체 에이스기계에 기계 제작을 의뢰했다. 이철 에이스기계 대표는 "상자를 고속으로 정교하게 제작하는 기계를 개발하는 것도 어려웠지만 뒷면에 친환경 접착제를 바르는 공정까지 한꺼번에 자동화하는 게 더 힘들었다"며 "이를 해결하기 위해 고속 제작되는 골판지 상자가 작업 중 한 바퀴 뒤집히는 '트위스트 기술'을 개발했다"고 말했다. 최근 시간당 1만 개의 날개박스를 제작할 수 있는 설비를 완성했다. 설비 길이는 20m에 이른다. 모터 컨트롤러 등 무려 2만여 개의 부품이 들어갔다.

에이스기계와 함께 해외 진출 추진

택배상자 주문이 속속 들어오고 있다. 황 부장은 "배달의민족과 록시땅코리아에서 상자를 주문받았다"며 "미국 유럽 수출에도 나설 것"이라고 말했다. 그는 "포장 비용과 시간을 줄일 수 있을 뿐 아니라 환경 오염도 막을 수 있어 관심이 높다"고 덧붙였다.

날개박스는 에이스기계와 협업을 강화하고 있다. 이 대표는 "날개박스와 에이스기계가 힘을 합쳐 글로벌 시장에 도전할 것"이라고 밝혔다. 이 대표가 1993년 창업한 에이스기계는 포장상자 자동접착기를 제작해 수십 개국에 수출하고 있다. 상자 자체에 굴곡을 주는 3차원

작업 병행 기능 등을 갖춘 기계를 제작하고 있다. 이 설비는 화장품 음료수 과자 생필품 공산품 등의 상자를 제조하는 데 쓰인다.

두 회사는 '테이프는 물론 완충재도 필요 없는 택배상자'를 연내 내놓을 계획이다. 황 사장은 "골판지상자를 입체적으로 접으면 굴곡이 형성돼 그 자체가 쿠션 역할을 한다"며 "이를 사용하면 '뽁뽁이'나 스티로폼을 넣지 않아도 충격을 흡수할 수 있다"고 말했다.

"내부 평판 관리 안 하는 기업 오래 못 간다"

- 한국경제 이우상 기자 2018.11.12.

로사 전 아일랜드 더블린대 교수
세계기업가정신주간 행사 강연

"혁신성만 강조하는 것은 오히려 독(毒)이 될 우려가 있다."

일본 소니 등 30개가 넘는 세계적인 기업과 기관을 컨설팅한 '평판경영' 전문가 로사 전 아일랜드 더블린대 교수는 이렇게 말했다. 전 교수는 12일 서울 용산 드래곤시티에서 개막한 '2018 세계기업가정신주간 한국행사'에 기조강연자로 나와 '혁신의 함정'을 경고했다.

그는 1990년대 '가장 혁신적인 기업'이던 미국 에너지기업 엔론을 예로 들어 설명했다. 엔론을 성장시킨 원동력은 경영진의 카리스마와 1년에 4번씩이나 진행한 인사평가, 하위 25%는 해고하는 경쟁시스템, 직원들이 위험(리스크)을 감당하고 도전하는 모험정신이었다. 그러나

회사가 어려워지자 강점은 약점으로 변했다고 전 교수는 지적했다. 경영진은 회계장부를 조작했다. 잘나가던 회사가 기울었다는 것을 솔직하게 털어놓는 것은 자존심 상하는 일이었기 때문이다. 모험정신은 투기로 변질됐고, 인사평가에서 살아남기 위해 직원들은 해서는 안 될 짓도 했다. 회사가 강조하던 혁신은 '변화를 위한 변화'에 그쳤다.

그는 "성공 요인과 실패 요인은 한 끗 차이로 지나치면 해가 될 가능성이 있다"며 "혁신성은 우수하지만 평판이 나쁜 기업 중엔 장수한 곳이 없다"고 말했다. 이 평판에는 직원들이 회사에 대해 말하는 내부 평판도 중요한 요소라고 전 교수는 강조했다.

그가 기조강연을 맡은 세계기업가정신주간 행사는 기업가정신이 경제 발전과 사회 혁신의 동력이 되도록 하기 위해 미국 카우프만재단 주도로 매년 11월 셋째 주 160개국에서 동시에 열린다. 한국 행사는 중소벤처기업부가 후원하고 한국청년기업가정신재단이 주관했다. 13일에는 링 위에 올라 창업 아이디어를 공격적으로 발표하는 글로벌 스타트업 경진대회 '2018 겟인더링 서울' 등이 열린다.

○
7

배달사원서 '가전유통 큰손'으로…
다이슨 들여와 매출 2000억 이뤄

- 한국경제 전설리 기자 2018.11.21.

사장님의 첫 직업은…
국내 최대 수입가전 유통社 게이트비젼 김성수 대표

청풍 청정기 배달사원으로 출발
입사 3년 만에 부인과 함께 창업
브라운·내쇼날 등 총판사업 시작

배달하다 만난 거래처 사장 덕에 부도 위기 극복하고 재기 성공
유럽서 다이슨의 상품성 발견…다른 소형가전 포기하고 '올인'

요즘 미디어에서 사라진 단어가 있습니다. '입지전적(立志傳的)'이란 말입니다. 무에서 유를 창출하는 게 그만큼 어려워진 시대 탓이겠지요. 그래서 어려운 환경을 극복하고 사업을 일군 기업인을 만나면 그 삶 자체가 더 소중하게 느껴집니다. 이룬 성취가 크든 작든 간에 말이

지요. 〈사장님의 첫 직업은…〉이란 코너를 통해 그들의 삶 일부라도 기록하려 합니다. 아마 많은 중소기업 사장님들의 첫 직업은 '공돌이' 였을 것입니다. 산업화 시대였으니까요. 영업사원도 많습니다. 영업은 '창업과 경영'에 필요한 많은 것을 가르쳐주기 때문이겠지요. 청풍 공기청정기 배달로 시작해 다이슨을 들여와 2000억 원대 회사를 일군 김성수 게이트비젼 대표 이야기로 시작합니다.

소형 가전 도매업을 하던 김성수 게이트비젼 대표는 2009년 결단을 내렸다. 다른 가전 도매는 모두 접고, 영국 다이슨 국내 총판을 따는 데 올인하기로 했다. 직원들은 반대했다. 소형 가전 도매업으로 안정적으로 연 매출 300억 원 정도를 올리고, 사옥도 마련했는데 굳이 모험을 할 필요가 있겠느냐는 얘기였다. 그때만 해도 다이슨은 국내에 잘 알려지지 않은 생소한 브랜드였다.

맨손으로 창업해 여기까지 온 김 대표는 자신 있었다. 시장 조사를 위해 해외 유명 백화점을 둘러보면 다이슨 제품이 가전 매장에서 가장 좋은 자리를 차지하고 있었기 때문이다. 디자인이 독특하고, 품질도 좋았다. 가격이 비싼 것은 오히려 장점이라고 생각했다. 김 대표는 "경제 위기 때는 오히려 가장 비싼 제품이 잘 팔린다"며 밀어붙였다. 이 결단으로 게이트비젼 매출은 연 2000억 원대까지 늘었다.

배달사원서 가전 큰손으로
게이트비젼은 국내 최대 유럽 가전 수입업체다. 영국 다이슨 주요 제품과 영국 화이트나이트 건조기, 스위스 로라스타 다리미, 이탈리아 이메틱 온열매트 등을 독점 수입하거나 총판을 맡고 있다.

회사를 창업한 김 대표는 1998년 공기청정기업체 청풍에 입사, 사회에 첫발을 내디뎠다. 회사는 기술이 없는 신입사원에게 배달 일을 시켰다. "배달이라니…" 하는 생각도 들었다. 하지만 다녀야 했다. 외환위기로 형은 은행을 그만둬야 했다. 부모님은 직업이 없었다. 그는 한 가지 결심을 했다. '3년 내 회사를 차리고야 말겠다.'

세운상가 테크노마트 등으로 열심히 제품을 실어 날랐다. 반 년 뒤 영업사원이 됐다. 김 대표는 "배달하러 가서 자꾸 물건을 팔고 오니까 영업사원을 시켜줬다"고 했다. 회사 생활이 안정돼 갔다.

하지만 안주하지 않았다. 입사 3년째 되는 2001년 10월 사표를 던지고 누리통상(현 게이트비전)을 설립했다. 직원은 김 대표와 부인 단 두 명뿐. 거실을 창고로 썼다. 첫 번째 대박 난 제품은 청풍의 경쟁사이던 수피네 공기청정기였다. 김 대표는 홈쇼핑을 통해 제품을 팔았다. 성공이었다. 몇 달 지나자 회사에 돈이 쌓이기 시작했다. 사업을 키우는 것은 기업인들에게 본능에 가깝다.

김 대표는 이 돈으로 브라운 내쇼날 파나소닉 등 수입 소형 가전과 국내외 공기청정기, 커피자판기 등 총판 사업을 시작했다. 사회 변화와 함께 급성장하는 품목이었다. 사업에 집중한 것이 그에게 시장의 변화를 읽는 능력을 가져다준 듯했다.

유통망을 뚫다

어려움도 있었다. 회사 설립 초기인 2002년. 선풍기 2400대를 주문했는데 중간 유통업자가 대금만 받고 사라져버렸다. 갑자기 2억 원 넘는 현금이 사라지자 결제를 못하는 상황이 벌어졌다. 이 소식을 들은 이 모 사장이 만나자고 연락해 왔다. 세운상가에서 사업을 하는 이 사장은 청풍에서 배달하던 시절부터 김 대표를 눈여겨봤다.

이 사장이 주문하면 김 대표는 밤낮을 가리지 않고 즉시 물건을 갖다 줬다. 신속한 일처리와 근면성에 이 사장은 "뭘 해도 될 친구"라고 생각했다고 했다. 그가 뭔가를 내밀었다. 5000만 원짜리 마이너스 통장 두 개와 인감이었다. "당신은 100억 원짜리 경험을 한 거야"라며 다시 해보라고 했다. 위기를 극복한 밑천은 사람이었다.

사업이 궤도에 오르자 김 대표는 더 많은 해외 제품으로 눈을 돌렸다. 세계적인 가전 전시회를 찾았다. 그냥 둘러보는 게 아니었다. 독일 전시회에 가면 통역을 구해 전시회장뿐 아니라 현지 공장 등도 살펴봤다. 몇몇 업체는 직접 찾아가 한국 총판을 달라고 했다. 김 대표는 "문전박대하던 유럽 업체들도 매년 찾아가 얼굴 도장을 찍으니 결국 만나줬다"며 "거래를 튼 비결"이라고 했다.

해외에서 제품을 가져다 홈쇼핑, 온라인 등에서 팔았지만 한 가지 숙제가 남아 있었다. 대형 오프라인 채널이 없었다. 2003년 일이 풀렸다. 영업을 하다 이랜드가 뉴코아백화점을 인수한다는 사실을 파악했다. 영업사원 출신의 촉이 발동했다. "기회다."

수소문 끝에 이랜드의 인수 책임자를 알아냈다. 담당자는 매일 새벽 6시에 만나자고 했다. 회의 시간은 고작 10분이었다. 매일 만나면서 이랜드그룹이 갖고 있는 매장에서 제품을 팔게 해달라고 설득했다. 결국 뉴코아백화점과 2001아울렛, 까르푸 입점에 성공했다. 성장의 발판이 됐다. 지금도 게이트비젼의 강점 중 하나가 강력한 유통망이다.

전략 채널·마케팅 노하우가 경쟁력

2009년 판매를 시작한 다이슨은 대박이 났다. 이는 다양한 마케팅의 결과였다. 2013년 가전업계에서 처음으로 1 대 1 카카오톡 상담 서비스를 도입했다. 김 대표는 "제품이 아무리 뛰어나도 누가 어떻게 판매하고 관리하느냐에 따라 브랜드 위상이 달라진다"며 "20년 가까이 축적한 유통 채널과 마케팅 노하우가 게이트비젼의 경쟁력"이라고 강조했다.

또 하나 김 대표가 강조하는 게 있다. 그는 "품질 제일주의 원칙으로 만든 제품만 판매하는 가전 유통업체로 키우고 싶다"며 "화이트나이트 건조기, 로라스타 다리미, 이메틱 온열매트는 모두 유럽에서 대를 이어 장인정신으로 생산하는 제품"이라고 말했다.

경영철학을 묻자 김 대표는 "직원이 행복한, 정년이 없는 회사"라고 답했다. 스위스 로라스타를 벤치마킹했다. 그는 "직원의 행복을 최우선에 두고, 직원들과 이익을 나누며 일하고 싶을 때까지 언제까지나 일할 수 있게 해주는 로라스타의 따뜻한 기업문화가 인상 깊었다"고 했다.

8

할인점 알바생이 유통가 제왕으로,
경쟁자와 상반되는 경영철학 고수…
'유통가의 스티브 잡스'로 불려

- 한국경제 정연일 기자, 일러스트 전희성 기자 2018.12.20.

Global CEO & Issue focus

짐 시네갈 코스트코 창업자 겸 前 CEO

유통 매력에 빠져 대학 그만둬

페드마트 알바에서 수석부사장까지… 1983년 투자자 만나 코스트코 창업

설립 6년 만에 매출 30억弗 달성

'무차별 환불' … 고객만족 극대화

"질 좋은 물건 싸게 많이 팔면 이윤은 저절로 따라온다" 믿음

소품종 다량 판매 전략 추구…일정 기간 내 언제든 100% 환불

매장 직원 시급 他 업체의 2배 지급

자신을 확 낮추는 '친화 리더십'

CEO가 직원의 200배 연봉은 잘못…직접 자신의 연봉 제한하기도

아침엔 매장서 핫도그로 식사… 명함엔 CEO 빼고, 명찰엔 짐(JIM)

아마존 등 온라인 쇼핑몰이 득세하는 시대에도 미국 대형마트 코스트코는 성공가도를 달리고 있다. 해마다 매출 신기록을 새로 쓰고 새로운 매장을 수십 개씩 열고 있다. 코스트코 고객은 마치 교회에 가는 것처럼 주말마다 습관적으로 코스트코를 찾는다. 미국뿐만이 아니다. 영국 프랑스 캐나다 일본에서도 코스트코는 인기를 누리고 있다. 1998년 문을 연 코스트코 서울 양재점은 세계 750여 개 코스트코 매장 중에서도 최고 수준의 매출을 올리는 것으로 유명하다.

오늘날 코스트코 신화를 일군 인물은 짐 시네갈 창업자다. 그는 자신만의 경영철학으로 유통 혁신을 이끌어 '유통업계의 스티브 잡스'로 불리기도 한다. 불혹을 훌쩍 넘은 47세에 코스트코를 창업한 시네갈은 2012년 후계자 크레이그 젤리넥에게 최고경영자(CEO) 자리를 넘겨주기까지 29년간 코스트코의 비약적 성장을 이끌었다.

'유통의 제왕'이 된 마트 알바생

시네갈은 18세이던 1954년 우연한 계기에 유통업에 발을 들였다. 샌디에이고커뮤니티칼리지에 다니던 그는 마을에 새로 생긴 할인점 페드마트에서 아르바이트를 하는 친구를 도와 매트리스를 나르는 일을 시작했다. 훗날 시네갈은 "그때만 해도 유통업에 일생을 바치게 될 것이라곤 생각하지 못했다"고 회고했다.

우연히 시작한 아르바이트였지만 시네갈은 이내 유통과 소매업에 매력을 느꼈다. 그는 대학을 그만두고 페드마트에서 정식 직원으로 일했고 성실하게 일한 끝에 수석부사장 자리까지 올랐다. 이후 페드마트가 다른 회사에 매각되면서 시네갈은 페드마트 설립자인 솔 프라이스로부터 동업을 제의받았다. 그들은 샌디에이고에서 최초의 회원제 마트인 프라이스클럽을 창업했다. 시네갈은 프라이스클럽 부사장을 맡았다.

시네갈은 1983년 또 다른 유통업자 제프리 브로트먼과 만나 새로운 사업을 구상했다. 그 결과 탄생한 것이 시애틀 인근 커클랜드에 문을 연 코스트코 1호점이었다. 코스트코는 설립 6년 만에 매출이 30억 달러에 이를 만큼 빠르게 성장했다. 1993년 경영난을 겪던 프라이스클럽까지 인수하면서 미국 유통업계 최강자로 군림하게 됐다.

"남들과 반대로 생각하라" 는 경영철학

시네갈은 '경쟁자와 상반된 전략으로 승부한다'는 철학으로 코스트코를 경영했다. 일반적인 소매업자들은 어떻게 하면 이윤을 늘릴 수 있을지를 연구한다. 하지만 시네갈은 어떻게 하면 물건을 더 싸게 팔 수 있을지를 고민했다. 질 좋은 물건을 싼 가격에 팔다 보면 이윤은 자연스럽게 따라올 것이라고 믿었다. 시네갈은 인터뷰에서 "보통 소매업자들은 한 대에 49달러인 디지털레코더를 52달러에 팔 방법을 고민한다"며 "우리는 같은 물건을 그들보다 싼 40달러에 팔면서도 어떻게 하면 38달러로 더 낮출 수 있을지를 생각한다"고 말했다.

세계를 무대로! 무대를 품 안에!

최대한 많은 종류의 상품을 구비하려는 것이 소매업의 일반적인 경향이다. 다양한 상품이 있어야 많은 사람을 끌어들일 수 있다고 생각하기 때문이다. 하지만 시네갈은 '소품종 대량 판매' 전략을 추구했다. 월마트에서 파는 상품은 10만 가지가 넘지만 코스트코는 4000여 개에 불과하다. 대신 자신있게 내놓을 수 있는 질 좋은 상품만 취급한다. 상품 종류가 적은 만큼 관리비용이 절감돼 판매가격도 낮출 수 있다.

경영학 교과서와 상반되는 코스트코의 전략은 관대한 환불 제도에서도 잘 드러난다. 상품에 문제가 없더라도 고객이 만족하지 못한다면 일정 기간 안에 언제든 100% 환불해 준다. 심지어 먹다 남은 식료품을 가져가도 환불된다. 환불 비용을 치르고서라도 고객 만족도를 극대화하겠다는 것이다. 대부분 사업자가 고객 변심에 의한 환불에 인색한 것과 대조적인 대목이다.

코스트코는 직원 처우도 좋은 것으로 잘 알려져 있다. 코스트코 매장 직원의 평균 시급은 22달러다. 미국 유통업계 평균(11달러)의 두 배나 된다. 많은 기업이 외부 인사를 경영진으로 영입하는 데 비해 철저하게 내부 출신만 승진시키는 순혈주의도 코스트코가 임직원의 충성도를 높이는 방법이다. 시네갈의 자리를 물려받은 젤리넥 CEO도 창고 관리인부터 시작해 28년간 코스트코에서 근무했다.

스스로를 한없이 낮추는 리더십

2010년 시네갈의 연봉이 알려지면서 화제가 된 적이 있다. 당시 공개된 그의 연봉은 35만 달러(약 3억9000만 원)였다. 매출이 코스트코의 절반에 불과한 코카콜라 CEO의 당시 연봉이 1447만 달러(약 163억 원)였던 것에 비하면 너무나 적은 금액이었다. 시네갈은 CEO가 현장에서 일하는 직원보다 100배, 200배 많은 연봉을 받는 것은 잘못된 일이라고 생각한다며 그 뒤에도 연봉을 높이지 않았다.

시네갈은 CEO로 재직하던 당시 스스로를 낮추고 직원들과 스스럼없이 지내기로 유명했다. 아침이면 매장을 돌아다니며 직원들과 인사하고 아침식사로 푸드코트에서 판매하는 1.5달러짜리 핫도그를 먹는 것이 일상이었다. 다른 직원들과 똑같이 패용하던 명찰에는 직함 대신 '짐(JIM)'이라는 이름이, 한평생 쓴 명함에는 'CEO'가 아니라 '1983년부터 근무(since 1983)'라는 말이 적혀 있었다. 단독 사무실도 없었고 전화가 걸려오면 '시네갈입니다'라며 직접 받았다.

시네갈은 2012년 76세에 CEO에서 물러났다. 이후 이사회 구성원으로서만 회사 일에 관여하고 있다. 그가 평생 강조한 코스트코의 3대 경영원칙인 '법을 준수하라, 회원들에게 최선을 다하라, 직원들에게도 최선을 다하라'는 말은 사내 윤리강령에 그대로 남아 있다. 그의 경영철학은 코스트코의 임직원에게 훌륭한 행동 지침이 됐다.

○
9

■ 교육부·한국경제신문사·한국직업능력개발원 공동주최,
글로벌 인재포럼 2018-미래를 여는 도전

중·고교생들, 기술에 디자인 입혀 드론 제작…
과학+예술 융합으로 '新 브리튼 파워' 키운다

- 한국경제 런던 정인설 특파원 2018.11.01.

글로벌 인재포럼 2018 - 미래를 여는 도전

교육혁신 현장을 가다 - (5) 영국의 'STEAM' 교육

지난 9월 영국 런던 프랜시스 크릭연구소에서 열린 '2018 영국 생물학대회'. 왕립생물학회(RSB)가 매년 개최하는 이 행사의 하이라이트는 과학 작품전이 아니라 예술 전시회다. '바이오아트'로 불리는 생물학 관련 예술 사진이나 그림을 출품하는 행사다. 해마다 2000명이 넘는 어린이와 청소년이 응모한다.

올해 15세 이상 부문에서 대상을 받은 레슬리 리는 "어렸을 때부터 자연 현상이나 생물을 예술 작품으로 표현하는 데 관심이 많아 이번 대회에 참가했다"고 말했다. 심사위원을 맡은 팀 해리스 영국자연도서관 기획담당은 "과학과 예술의 융합교육으로 자연 속에 숨겨진 패턴을 예술적으로 표현하는 능력이 뛰어난 학생이 많았다"고 평가했다.

과학과 예술을 하나로

지난 26일 찾은 영국 국립 STEM(과학·기술·공학·수학) 교육기관인 영국STEM센터. 10여 명의 중·고등학생이 컴퓨터로 드론(무인항공기)을 설계하고 있었다. 교육 초점은 잘 날면서도 창의적인 작품을 만드는 것이다. 안전하면서 보기 좋은 드론을 완성하려면 과학과 예술의 결합은 필수적이다. 디자인과 과학 교육이 함께 뒷받침돼야 한다는 얘기다. 그래서 교육 프로그램명도 드론 전문가 과정이라고 하지 않고 예술(art)의 앞글자로 시작해 항공(air)과 엔지니어(engineer)를 합한 에어지니어(airgineer) 양성 프로그램이라고 지었다.

조앤 울리 영국STEM센터 마케팅홍보 담당은 "에어지니어 프로그램에선 중·고등학생이 기술과 디자인을 종합적으로 활용해 미니 드론을 설계하고 제작하는 과정을 배운다"며 "단순 지식이

영국의 과학과 예술 융합교육

STEAM	과학 수학과 예술 융합교육
바이오아트	자연과 생물을 소재로 한 예술
Airgineer	드론을 통한 공학과디자인의결합
Fixpert	기술과 상상력 결합학습 프로그램
드라마 교육	과학과 역사 등을 연극으로 교육
lab 13 프로젝트	예술 교육방법을 과학 교육에 적용

나 정보를 제공하는 데 그치지 않고 과학과 예술을 합쳐 실생활에 적용해보는 교육"이라고 설명했다. 이 프로그램에 참여한 크리스 캘버는 "단순히 드론을 조립하는 게 아니라 학교에서 써보지 못한 3D 프린터와 컴퓨터 디자인 프로그램을 이용해 새로운 드론을 설계하는 과정까지 알게 돼 드론을 좀 더 종합적으로 이해하게 됐다"고 말했다.

STEM 교육에 예술을 합한 STEAM 교육은 여기서 그치지 않는다. 영국STEM센터는 외부에서 검증된 프로그램도 전면적으로 적

용하고 있다. 2012년 영국 디자이너 대니얼 차니가 개발한 픽스퍼트 (fixpert)로 불리는 재활용 전문가 교육도 하고 있다. 다 쓴 물건을 재활용하고 수리하는 과정에 예술적 감각과 과학적 지식이 모두 필요하다는 점에 주목한 교육법이다. 현재까지 영국STEM센터를 포함해 20개국의 30여 개 기관 및 대학에서 이 교육법을 활용하고 있다.

초등학생이 직접 실험 설계

영국은 과학을 음악이나 미술처럼 쉽게 배우는 교육법을 개발하는데 힘을 쏟고 있다. 'Lab13 프로젝트'가 대표적이다. 초등학교 때부터 과학을 자발적인 경험과 실험으로 배우게 하자는 게 골자다. 주로 초등학생들의 호기심을 끌어내기 위해 학생들이 스스로 원하는 실험을 하도록 하는 방법이다. 초등학생들이 직접 대표를 선출해 실험실의 규칙과 탐구할 주제를 정한다. 영국 노팅엄에서 시작해 핀란드, 가나 등으로 확대되고 있다.

영국은 학교 외에 STEM 교육센터를 통해 지역별로 이공계 전문가를 양성하고 있다. 전국 70여 개의 네트워크를 통해 초·중·고교 방과후 STEM클럽을 운영하고 대학교수뿐 아니라 정보기술(IT) 관련 기업 직원들을 STEM 홍보대사 등으로 활동하도록 하고 있다. 레이첼 커닝엄 영국STEM센터 디렉터는 "예술과 디자인은 변화하고 과학은 날로 발전해가고 있다"며 "학생과 교사들이 지식을 늘리면서 상상력을 키울 수 있도록 다양한 방식으로 과학과 예술을 융합해 나갈 것"이라고 말했다.

10

"창업은 '뚝딱' 되는 것 아니다…
초·중·고 교육부터 기업가정신 녹여야"

- 한국경제 구은서·장현주 기자 2018.11.04.

글로벌 인재포럼 2018 - 미래를 여는 도전

주요 세션 좌장 간담회

새 일자리 만드는 인재 필요
"창업은 특별한 사건이 아닌
일상 발생하는 일로 인식돼야"

"젊은이들 위험 회피 성향 내재화
창업 실패에 대한 비용 낮춰줘야"

창의·융합교육 활성화 시급
"한 문제 더 맞추는 주입교육 탈피
개개인 재능에 초점 맞춘 교육돼야"

"10년 후 대학 서열은 의미 없어져
청년들 교육방식이 대학 생존 좌우"

오는 6~7일 열리는 '글로벌 인재포럼 2018' 주요 세션을 맡은 좌장들은 4일 좌장간담회에서 한국이 당면한 저성장 위기를 헤쳐나갈 해법으로 '기업가정신'과 '창업'을 꼽았다. 4차 산업혁명 시대를 주도할 혁신적인 제품을 개발하고, 양질의 일자리를 창출하는 주체는 결국 도전정신으로 무장한 기업가들이라는 이유에서다. 좌장들은 따라서 한국의 인재양성 방식도 기업가정신을 키워주는 쪽으로 변화할 필요가 있다고 강조했다.

"창업이 '일상' 돼야"

인적자원(HR) 분야 전문가로 구성된 '글로벌 인재포럼 2018'의 좌장들은 이날 간담회에서 "현존하는 일자리에 안착하는 인재가 아니라 새로운 일자리를 만들어낼 줄 아는 인재를 길러야 한다"고 입을 모았다.

이를 위해 '기업가정신 교육'을 일찍부터 해야 한다고 지적했다. 현재 정부의 창업 교육이나 창업 지원 대부분은 대학을 중심으로 이뤄지고 있다. 권대봉 고려대 교육학과 명예교수는 "초·중·고교 교과과정부터 기업가정신이 녹아 있어야 한다"며 "우리나라처럼 대학에 들어와서 갑자기 '창업하라'고 한다고 해서 되는 게 아니다"고 지적했다.

전문가들은 청년 창업 활성화를 위해서는 창업의 문턱부터 낮춰야 한다고 조언했다. 조동성 인천대 총장은 "중국이나 미국의 젊은 창업가들을 보면 정부나 남의 돈을 빌리지 않고 허름한 창고에서 자기 호주머니 돈으로 창업을 한다"며 "청년들에게 창업이 특별한 사건이 아니라 일상적인 일로 여겨져야 한다"고 말했다.

창업에 실패한 경험이 있는 청년들에게 대학 입학시험과 기업 입사 과정에서 가산점을 주는 방안도 제시됐다. 박상철 한국산업기술대 지식기반기술에너지대학원 교수는 "창업에 실패한 청년이 우선적으로 기업에 취업할 수 있는 제도를 갖춘다면 효과가 클 것이라 생각한다"고 말했다. 배종태 KAIST 테크노경영대학원 교수도 "현재 젊은이들은 어린 시절 외환위기 상황 등을 목격하며 위험회피적 성향을 내재화했다"며 "창업 실패에 대한 비용을 낮춰줘야 또 다른 벤처 붐을 일으킬 수 있다"고 말했다.

이스라엘의 사례를 들어 다방면에서 창업 지원이 이뤄져야 한다고 강조하기도 했다. 임정욱 스타트업얼라이언스 센터장은 "이스라엘 스타트업 최고기술책임자(CTO)를 만난 적이 있는데 '군대에서 코딩을 처음 제대로 배웠다'고 하더라"며 "이스라엘 군대는 지금 이 순간에도 창업의 요람으로 기능하고 있는데 한국 군대는 청년들에게 어떤 경험을 제공하고 있는지 생각해봐야 한다"고 말했다.

대학 간판보다는 능력이 우선

전문가들은 주입식 교육, 입시 경쟁에서 벗어나 창의·융합교육 활성화를 위해 노력해야 한다고 강조했다. 윤증현 전 기획재정부 장관은 획일화된 교육이 시대를 역행하며 사회적 낭비를 초래하고 있다고 지적했다. 한국의 2018년 대학 진학률은 69%로, 경제협력개발기구(OECD) 국가 중 최고 수준이다. 학생 개인의 적성과 상관없이 'SKY(서울·고려·연세)'대, 대기업 입사로 이어지는 획일적 목표를 강요하는 사회적 풍토가 교육, 고용, 경제 등 사회 전반의 불균형을 가져온다는 분석이다.

강인애 경희대 교육대학원 교수는 "학교 현장에서 최근 자유학기제나 메이커 교육 등 학생 개인의 꿈과 재능에 초점을 맞춘 교육이 시도되고 있다"며 "학부모도 '어떻게 하면 아이가 시험에서 한 문제를 더 맞히게 할까'를 넘어 미래형 교육에 대한 고민이 필요하다"고 말했다. 대입제도 개편으로 대표되는 평가방식 변화에도 사회적 인식 전환이 필수적이라는 지적이 나왔다. 최연구 한국과학창의재단 과학문화협력단장은 "프랑스에서 논술식 대입시험(바칼로레아)을 치른 지 200년 정도 됐다"며 "받은 점수에 대해 이의신청하지 않는 게 하나의 문화로 자리 잡았기에 가능했던 역사"라고 덧붙였다.

교육 현장이 바뀌기 위해서는 실무능력 중심 채용 등 기업과 사회의 변화가 함께 이뤄져야 한다는 목소리도 나왔다. 배상훈 성균관대 교육학과 교수는 "청년들에게 '서울대 안 나와도 내 역량을 충분히 인정받으면서 잘살 수 있다'는 믿음을 주는 게 먼저"라며 "시험 점수에 '올인'하지 않고도 내 능력을 증명할 다양한 길이 있어야 한다"고 강조했다.

○

11

"미래는 위기 아닌 도전의 기회…
교육만이 그렇게 바꿀 수 있다"

- 한국경제 구은서 기자 2018.11.04.

글로벌 인재포럼 2018
6일 그랜드워커힐서울 호텔서 개막

주요 세션 좌장 간담회

"로봇에 잡아먹힐 인재만 키워내고 있는 것은 아닌가."

4차 산업혁명에 대한 교육계의 위기감이 커지고 있다. 지금과 같은 주입식 교육을 통해 길러진 인재로는 미래 로봇과의 경쟁에서조차 밀려날 수밖에 없다는 것이다.

오는 6~7일 열리는 '글로벌 인재포럼 2018' 주요 세션의 좌장을 맡은 석학과 기업인들은 4일 열린 간담회에서 "미래를 위기가 아니라 도전의 기회로 만들 수단은 '교육'뿐"이라며 "일자리에 성공적으로 안착

세계를 무대로! 무대를 품 안에!

하는 인재가 아니라 새로운 일자리를 창출해낼 줄 아는 인재를 길러야 한다"고 입을 모았다. 올해 인재포럼의 주제를 '미래를 여는 도전'으로 정한 이유이기도 하다.

권대봉 고려대 교육학과 명예교수는 "주어진 일을 착실하게 해내는 '평균인재' 양성의 시대는 이제 끝났다"며 "1970년대 컴퓨터의 등장보다 더 센 변화를 준비해야 한다"고 강조했다. 김용학 연세대 총장은 "10년 뒤면 대학의 서열은 아무 의미가 없어질 것"이라며 "청년들에게 어떤 인적 자본을 어떻게 형성시켜줄 수 있는가가 대학의 생존을 가르게 된다"고 말했다.

12

유은혜 부총리 겸 교육부 장관
"창의 융합인재 키우려면
수월성 교육도 필요하다"

- 한국경제 김동윤 기자 2018.11.05.

글로벌 인재포럼 2018 - 미래를 여는 도전

6일 개막… 광장동 그랜드워커힐서울 호텔

유은혜 부총리 겸 교육부 장관이 창의적 융합인재 양성을 위해서는 수월성 교육도 필요하다는 의견을 밝혔다. 수학 과학 등에서 학생들의 기초학력이 떨어지는 문제에 적극 대응하겠다는 계획도 제시했다.

유 부총리는 '글로벌 인재포럼 2018' 개막에 앞서 한국경제신문과 한 인터뷰에서 "창의적 융합인재 양성을 위해서는 수월성 교육도 필요하다고 생각한다"며 "학업능력이 우수한 아이들만 따로 교육시키는 게 아니라, 각 영역에서 탁월한 능력을 보이는 학생에게 그에 맞는 교육을 제공할 수 있어야 한다"고 말했다.

세계를 무대로! 무대를 품 안에!

"4차 산업혁명 핵심은 인재양성…일자리 해법 논의하는 포럼 될 것"

최근 수학 과학 등의 과목에서 한국 학생들의 학업 성취도가 떨어지고 있는 것과 관련, 유 부총리는 "수학 과학 등의 과목에서 기초학력 확보와 학생들의 흥미도 제고는 고민의 앞자리에 놓여 있는 '대표 선수들'"이라며 "다각적인 접근과 해법이 요구되지만 결국 학교 수업 내실화에서 실마리를 찾아야 하지 않을까 생각한다"고 말했다.

6~7일 서울 광장동 그랜드워커힐서울 호텔에서 열리는 올해 인재 포럼의 주제는 '미래를 여는 도전'이다. 프레드리크 레인펠트 전 스웨덴 총리, 제시카 닐 넷플릭스 최고인재책임자, 이리나 보코바 전 유네스코 사무총장 등 인적 자원(HR) 분야 전문가 100여 명이 참석해 열띤 토론을 벌일 예정이다.

13

문재인 대통령 "교육 혁신으로 4차 산업혁명 이끌 인재 키울 것"

- 한국경제 강경민·구은서 기자 2018.11.06.

글로벌 인재포럼 2018

문 대통령 축사…레인펠트 前 스웨덴 총리 기조연설

4차 산업혁명 시대에 맞는 일자리로 쉽게 이동하도록
노동 유연성·평생교육 강화를

문재인 대통령은 6일 "새로운 미래를 위해서는 창의적이고 융합적인 인재 양성이 절실하게 요구된다"며 "교육혁신으로 4차 산업혁명을 선도할 인재를 키워나갈 것"이라고 밝혔다. 문 대통령은 이날 한국경제신문사, 교육부, 한국직업능력개발원 공동 주최로 서울 광장동 그랜드워커힐호텔에서 열린 '글로벌 인재포럼 2018' 축사를 통해 "창의융합 인재 양성을 위한 교육혁신은 우리의 발전뿐 아니라 인류를 위해서도 우리가 가야 할 길"이라며 이같이 강조했다.

세계를 무대로! 무대를 품 안에!

프레드리크 레인펠트 전 스웨덴 총리는 기조연설에서 "4차 산업혁명 시대에는 노동시장 유연성이 새로운 일자리를 창출할 해법"이라고 밝혔다. 그는 "보편적 복지모델을 토대로 국가가 시장에 개입하면 일자리가 유지될 것으로 생각했지만 그런 믿음은 실패로 돌아갔다"며 "노동시장에서 일자리 이동을 수월하게 할 수 있도록 하는 것이 새 일자리를 창출하는 방안"이라고 말했다.

그는 "노동시장 유연성이 일자리 창출로 이어지기 위해선 평생교육이 전제돼야 한다"고 강조했다. 빠르게 변화하는 4차 산업혁명 시대엔 과거처럼 평생직장 등 안정적인 일자리는 더 이상 존재할 수 없다는 게 그의 지적이다. 인구 감소와 고령화도 일자리 패러다임이 바뀌고 있는 또 다른 원인이라고 덧붙였다. 그는 "직업 재교육과 훈련 등 평생교육을 통해 사람들이 4차 산업혁명 시대에 맞는 일자리로 쉽게 이동할 수 있도록 해야 한다"고 강조했다. 이와 함께 "4차 산업혁명 시대엔 대기업이 아니라 스타트업(신생 벤처기업)으로 실력 있고 창의성 있는 인재가 몰려갈 것"이라며 "청년들에게 기업가정신을 심어주고 창업을 권유하는 일이야말로 정부와 기업이 해야 할 일"이라고 말했다.

14

"스타트업·창업가들이 4차 산업혁명 주역될 것… 도전 두려워 말라"

- 한국경제 강경민 기자 2018.11.06.

글로벌 인재포럼 2018 - 미래를 여는 도전

■ **기조연설 - 프레드리크 레인펠트 前 스웨덴 총리**
"기업가정신·창업 북돋우는 게 정부·기업이 할 일
100세 시대엔 누구나 재교육 통해 거듭날 수 있어
청년만 신입사원으로 뽑는 채용방식 벗어나야
암기식 교육 지양…비판적 사고 키워줄 '코칭' 필요"

"4차 산업혁명 시대엔 안정적인 일자리는 존재하지 않습니다. 대기업일수록 앞으로 직면하게 될 '파괴적 변화'에 도태될 가능성이 높습니다. 무조건 대기업에 취업하겠다는 생각은 버려야 합니다."

프레드리크 레인펠트 전 스웨덴 총리가 극심한 취업난을 겪고 있는 한국 사회의 청년들에게 던진 메시지다. 레인펠트 전 총리는 한국경제신문사와 교육부, 한국직업능력개발원 공동 주최로 6일 서울 광장동 그랜드워커힐호텔에서 열린 '글로벌 인재포럼 2018'의 첫 번째 기조연설자로 나섰다. 그는 '미래 일자리 창출을 위한 혁신'이라는 주제 발표를 통해 "4차 산업혁명 시대엔 대기업이 아니라 스타트업(신생 벤처기업)과 창업가들이 주역으로 떠오를 것"이라고 강조했다.

"평생직장 더 이상 존재하지 않아"

레인펠트 전 총리는 유럽에서 '우파의 혁명가'로 불리는 정치인이다. 우파정당인 보수당 출신인 그는 2006년 만 41세의 나이에 총리가 된 뒤 2014년까지 8년간 재직하면서 '보편적 복지'의 대명사나 다름없던 스웨덴 복지모델 개혁을 주도했다. '더 내고 덜 받는' 방식으로 공적 연금을 개혁하고, 법인세와 소득세를 인하해 기업 유치에 앞장섰다.

레인펠트 전 총리는 "스웨덴식 보편적 복지는 '평생직장'을 전제로 한 모델"이라고 했다. 그는 "경제 위기 때마다 보조금을 지급하는 등 정부가 시장에 개입하면 일자리가 보장될 것으로 생각했지만 실패로 돌아갔다"며 "복지제도를 개편해 노동시장의 유연성을 강조하는 방향으로 정책을 바꿨다"고 말했다. 경직된 노동시장 구조에선 빠르게 변화하는 4차 산업혁명 시대를 맞아 새로운 일자리를 창출하는 게 불가능하다는 것이 레인펠트 전 총리의 진단이다.

레인펠트 전 총리는 노동시장의 유연성이 새 일자리 창출로 연결되기 위해선 평생교육이 필요하다고 강조했다. 그는 "지금은 대부분 사람이 고등학교와 대학교에서 얻은 지식만을 갖고 평생을 살아가고 있다"

며 "그러나 4차 산업혁명 시대에는 끊임없는 재교육과 훈련이 필요하다"고 지적했다. 레인펠트 전 총리는 기업들이 대학교 학점 등 이른바 '스펙'만을 평가해 직원을 채용하는 방식도 바뀌어야 한다고 조언했다.

기업들이 신입사원으로 반드시 20대 청년만 채용하는 것도 바람직하지 않다고 덧붙였다. 그는 "4차 산업 혁명 시대에 걸맞은 역량을 갖춘다면 50~60대 중장년층도 평생교육을 통해 인재로 거듭날 수 있다"고 강조했다. 레인펠트 전 총리는 만 65세 이상 취업자에게 세제 혜택을 제공하는 스웨덴 사례를 소개하기도 했다. 그는 "고령화에 따른 '100세 시대'를 맞아 만 65세 이상에게도 세제 혜택 등 인센티브를 제공해 일을 하도록 유도해야 한다"고 말했다.

"혁신 스타트업이 미래 주역될 것"

레인펠트 전 총리는 대기업 취업을 준비하는 청년들에게도 진심 어린 조언을 아끼지 않았다. 그는 "4차 산업혁명 시대엔 직면하게 될 파괴적 변화에 도태될 가능성이 가장 높은 기업이 글로벌 대기업"이라고 지적했다. 레인펠트 전 총리는 "대기업들은 기업가정신으로 무장한 후발 주자의 잇단 도전을 받을 수밖에 없다"며 "현존하는 대기업들이 20년 뒤에도 생존한다는 보장이 없다"고 내다봤다. 평생직장이라는 개념이 사라지고 있는 4차 산업혁명 시대엔 대기업도 더 이상 고용을 평생 보장하는 안정적인 직장이 될 수 없다는 것이 그의 설명이다.

레인펠트 전 총리는 기업가정신으로 무장한 스타트업에 청년들이

세계를 무대로! 무대를 품 안에!

많은 관심을 둬야 한다고 조언했다. 다만 그는 청년들이 스타트업에 끊임없이 도전할 수 있도록 자금 지원 등을 통한 정부의 정책적 지원이 뒤따라야 한다고 강조했다. 레인펠트 전 총리는 "혁신적인 아이디어를 갖고 있지만 자금 여력이 부족해 스타트업 창업을 주저하는 청년들이 적지 않다"며 "청년들에게 기업가정신을 심어주고 창업을 권유하는 일이야말로 정부와 기업이 해야 할 일"이라고 지적했다.

레인펠트 전 총리는 기조연설에 이어 진행된 김용학 연세대 총장과의 대담에서 인재양성을 위한 교육 방식도 획기적으로 바뀌어야 한다고 조언했다. 그는 "학생들에게 무작정 암기를 강요하는 교육 방식은 지양해야 한다"며 "'가짜 뉴스'를 판단할 수 있는 비판적 사고를 학생들에게 심어줘야 한다"고 말했다. 레인펠트 전 총리는 "교육자도 학생들의 비판적인 사고를 키워줄 '코칭' 역할을 맡아야 한다"고 덧붙였다.

15

"좋은 인재 일본에 다 뺏기고 있어…
교육투자 늘려 성장동력 키워야"

- 한국경제 박상용·강경민·이승우·황정환·성수영 기자 2018.11.06.

글로벌 인재포럼 2018 - 미래를 여는 도전

정·재계 및 학계 주요 인사들 대거 참석

김정태 회장 등 금융계 대거 참석 "금융권, 창의성 갖춘 인재 절실"

박성택 중기중앙회 회장 "해외인재 유치에 적극 나서야"

"교육부 '교육인적자원부'로 변경을" …김진표 의원, 유 부총리에
제안

"좋은 인재를 외국 기업에 뺏기고 있어 고민이다. 요즘은 일본 기
업들이 한국에서 사람을 (적극적으로) 뽑아 가고 있다."

6일 '글로벌 인재포럼 2018' 개회식에 참석한 구자열 LS그룹 회장

이 한 말이다. 이날 참석한 정·재계 및 학계 주요 인사들은 "미래를 위한 인재 육성이 절실하다"는 데 의견을 같이했다. 염재호 고려대 총장은 "대기업과 달리 중소기업이나 지방에 있는 기업들은 뽑을 사람이 없어 아우성치고 있다"며 "'몇 년간 대기업은 사람을 뽑지 못하게 해야 한다'는 우스갯소리도 나온다"고 했다. 그러면서 "인력 미스매치를 해결하는 데 집중해야 한다"고 덧붙였다.

창의적인 인재 수요 증가할 것

올해로 13회째인 '글로벌 인재포럼 2018'은 '미래를 여는 도전'을 주제로 내놨다. 2300여 명의 참석자는 서울 광장동 그랜드워커힐호텔에 마련된 행사장 곳곳에서 의견을 나누고 토론했다. 구 회장을 비롯해 손경식 한국경영자총협회 회장, 박삼구 금호아시아나그룹 회장, 최신원 SK네트웍스 회장, 신종균 삼성전자 부회장, 하현회 LG유플러스 부회장 등 재계 주요 인사들이 대거 참석했다.

손 회장은 개회식 사전행사로 열린 'VIP 티타임'에서 "4차 산업혁명을 맞는 우리 사회에서 인재는 가장 중요한 가치"라며 "인재포럼은 이런 측면을 짚고 서로의 생각을 공유할 수 있는 자리"라고 했다. 하 부회장은 "한국이 세계 산업의 트렌드를 주도하려면 글로벌 인재 확보가 가장 중요하다"며 "미래를 정확하게 보는 인재 전략, 사업 전략 세션에 흥미를 두고 있다"고 말했다.

김정태 하나금융지주 회장을 비롯한 금융계 주요 인사들도 열띤 토론을 벌였다. 위성호 신한은행장은 "금융권이야말로 4차 산업혁명 시대에 맞는 인재가 절실하다"며 "전통적인 스펙에 얽매이지 않고 창의성을 지닌 인재를 뽑아야 한다"고 강조했다.

문재인 대통령 축사 "더 좋은 세상 꿈꾸는 인재포럼…미래에 대응할 혜안 나누길 기대"

김한 JB금융지주 회장은 "은행 채용에서 공정성이 강조되면서 정해진 답을 요구하는 시험을 운영하게 됐다"며 "단순한 시험으로 창의적인 사람을 뽑는 데 어려움이 있다"고 말했다.

전직 관료 조언도 쏟아져

중견·중소 기업인들도 적극적으로 의견을 내놨다. 박성택 중소기업중앙회 회장은 "지금 경제가 어려운 건 글로벌 인재를 길러내지 못했기 때문"이라며 "글로벌 네트워크 확대를 위해서라도 해외 인재 유치 등 인재 개방에 나서야 한다"고 말했다. 김승호 보령제약 회장은 "미래 지향적인 인재가 많아졌으면 좋겠다"며 "구세대와의 시각 차이를 잘 이해하면서 변하는 환경에 잘 대처하는 인재를 양성하는 교육 정책이 필요하다"고 했다.

전직 관료들의 조언도 쏟아졌다. 김대중 정부 때 교육인적자원부(현 교육부) 장관을 지낸 김진표 더불어민주당 의원은 유은혜 부총리 겸 교육부 장관에게 교육부 명칭 변경을 제안해 눈길을 끌었다. 김 의원은 "인적자원(HR) 정책을 빼놓고는 교육부의 역할을 거론할 수 없다"

세계를 무대로! 무대를 품 안에!

며 "그런데도 현재 교육부 조직상 HR을 총괄하는 부서조차 없다"고 지적했다. 이에 유 부총리는 "적극적으로 검토하겠다"고 했다.

한덕수 전 국무총리는 "교육 분야 자율성을 강화하는 것이 미래 시대에 필요한 인재를 키울 수 있는 방안"이라며 "이번 인재포럼에서 교육 자율성에 대한 논의가 이뤄졌으면 한다"고 말했다. 김광두 국민경제자문회의 부의장은 "성장 동력을 만들고 국가 경쟁력을 키우려면 교육 등 인적 투자가 필요하다"며 "교육에 대한 아이디어가 풍부하게 제시되는 인재포럼의 중요성이 더욱 커질 것"이라고 강조했다.

인재포럼은 매년 주요 대학 총장들의 사교의 장 역할도 하고 있다. 이날 염재호 총장을 비롯해 김용학 연세대 총장, 이영무 한양대 총장, 장순흥 한동대 총장, 문길주 과학기술연합대학원대 총장 등이 참석했다.

16

"극단주의 예방은 교실에서 시작…
차이 존중하는 세계시민 양성해야"

- 한국경제 오형주 기자 2018.11.06.

글로벌 인재포럼 2018 - 미래를 여는 도전

■ 기조연설 - 이리나 보코바 前 유네스코 사무총장

선천적 인종차별주의자 없어
단순한 지식·기술 전달하기보다
인권과 민주주의 교육 힘써야

과거사 문제로 대립하는 동북아
佛·獨 '공동 역사교과서' 참고할 만

기술의 발전과 세계화는 빠른 속도로 전 지구를 하나의 사회로 연결시켰다. 과거 지역적 분쟁에 국한됐던 종교·인종 간 갈등과 이에 따른 극단주의적 테러 역시 모든 국가가 나서 함께 해결해야 할 글로벌 이슈로 부상했다. 인류가 직면한 이 같은 과제를 극복하는 데 교육은 어떤 역할을 할 수 있을까.

이리나 보코바 전 유네스코 사무총장은 6일 "처음부터 인종차별주의자로 태어나는 사람은 없다"고 잘라 말했다. 그는 이날 서울 광장동 그랜드워커힐호텔에서 열린 '글로벌 인재포럼 2018' 기조강연에서 "극단주의 부상을 예방하는 가장 좋은 방법은 학교 교실에서의 세계시민교육"이라고 강조했다. 강연 주제는 '평화롭고 지속가능한 사회를 위한 세계시민교육'이었다.

인문학·예술소양 갖춘 세계시민 양성

불가리아 외교관 출신인 보코바 전 총장은 2009년부터 지난해까지 8년간 유네스코 사무총장을 지내는 등 국제무대에서 오랫동안 활약한 대표적 여성 리더로 꼽힌다. 그가 사무총장으로 재임 중이던 2015년 5월 유네스코는 인천 송도에서 '세계교육포럼'을 열고 "모두를 위한 포용적이고 평등한 양질의 교육을 평생 제공하자"는 취지의 선언문을 채택했다. 이는 같은 해 8월 유엔 총회가 채택한 17개 '지속가능발전목표(SDGs)'에도 반영됐다.

보코바 전 총장은 그동안 수차례 한국을 방문하면서 한국의 경제·사회 발전상에 깊은 감명을 받았음을 숨기지 않았다. 그는 "넬슨 만델라는 '교육이야말로 세상을 바꿀 수 있는 가장 강력한 무기'라고 강조한 바 있다"며 "전쟁의 폐허를 딛고 일어선 한국을 보면 교육의 역할이 얼마나 중요한지 알 수 있다"고 말했다.

4차 산업혁명으로 대표되는 기술 발전이 전 지구를 하나로 연결하고 있는 시대의 교육은 과거의 교육과는 달라져야 한다는 것이 보코바 전 총장의 지론이다. 그는 "국경이 더 이상 무의미해진 상황에서 글로벌 시민의식은 곧 다른 나라 사람에 대한 책임 의식을 뜻한다"며 "21세기 교육은 단순한 지식이나 기술이 아닌 서로 다른 문화 간 존중과 관용을 가능하게 하는 인권과 민주주의 교육에 힘써야 한다"고 역설했다.

　　세계시민교육의 구체적 내용에 대해 보코바 전 총장은 "세계에 대한 비판적 사고와 다른 국가·지역에 대한 이해능력은 물론이고 인류애와 소속감, 가치 공유와 책임, 공감과 연대 등 사회감성적 영역을 포괄한다"며 "이는 인류가 나아갈 길인 '지속가능한 개발'에 밑바탕을 제공하고 있다"고 부연했다.

　　또한 보코바 전 총장은 "인문학과 예술이 세계시민교육에서 차지하는 중요성은 아무리 강조해도 지나치지 않는다"며 인문학과 예술 교육에 각별한 관심을 나타냈다. 그는 "최근 많은 국가의 교육 제도가 점점 인문학이나 윤리, 예술 등을 경시하는 방향으로 나아가고 있어 우려스럽다"며 "책 한 권이 닫혔던 젊은이의 마음을 열어주듯이 인문학과 예술은 더 나은 세상이 있다는 것을 우리에게 일깨워주고 창의성을 촉발시킨다는 점에서 세계시민교육과 떼려야 뗄 수 없는 관계"라고 설명했다.

"동북아, '역사 공유'로 해법 찾아라"

보코바 전 총장은 북한 핵 문제 해결과 남북한 관계 개선에 대해서도 세계시민교육의 접근법이 도움을 줄 수 있을 것으로 기대했다. 그는 "남북한이 공통된 역사와 뿌리 그리고 문화유산을 공유하고 있다는 부분에서 교육 영역이 기여할 점이 적지 않다고 본다"며 "우선 남북 간 대학생 교환 프로그램 등을 통해 공유하고 있는 역사와 문화유산을 깨닫다 보면 자연스레 접점을 찾아갈 수 있을 것"이라고 내다봤다.

한국과 중국, 일본이 과거사 문제 등으로 끊임없이 대립하고 있는 동북아시아 정세에 대해서도 비슷한 해법을 제시했다. 보코바 전 총장은 "과거 프랑스와 독일이 '공동 역사교과서'를 집필한 사례를 참조할 만하다"며 "정치적 결단이 필요한 만큼 결코 쉽진 않겠지만 함께 역사를 들여다본다면 문제 해결에 큰 도움이 될 것"이라고 했다.

보코바 전 총장은 장래에 유엔 등 국제기구에서 활약하길 희망하는 한국의 젊은이들에게도 따뜻한 조언을 아끼지 않았다. 그는 "대학 캠퍼스 등에서 한국 학생들을 만날 때마다 글로벌 이슈에 대한 많은 호기심과 열정을 느꼈다"며 "이미 유엔에서 많은 한국인이 일하고 있지만 더욱 많은 한국 젊은이들이 과감하고 대담한 자세로 글로벌 사회에 관심을 가져주길 바란다"고 당부했다.

17

70여 개국 2300여 명 성황…
중학생 날카로운 질문에 박수 쏟아지기

- 한국경제 특별취재팀, 사진 김범준 기자 2018.11.06.

글로벌 인재포럼 2018 - 미래를 여는 도전

포럼 첫날 이모저모
르완다 초교 교장 "많이 배웠다"
세션 좌장들, 태블릿PC 통해
질문 목록 실시간으로 확인도

"교육이 바뀌기 위해선 교사가 바뀌어야죠."

6일 개막한 '글로벌 인재포럼 2018'에는 전 세계 학교 현장에서 교육의 미래를 고민 중인 교사들의 발길이 이어졌다. 박종용 대전 화정초등학교 교장(56)은 "30년 넘게 교직생활을 했지만 4차 산업혁명을 이끌 새로운 기술에 대해서는 학생들이 '선생님'인 셈"이라며 "이번 포럼을 통해 낡은 사고의 틀을 깨고 학생들과 소통하는 방법을 배우고 싶다"고 말했다.

르완다에서 온 저스틴 무르와나샤카 무가루라초등학교 교장(38)은 "코이카(KOICA) 지원사업으로 한국교원대에서 석사과정을 밟고 있다" 며 "오늘 포럼에서 배운 것들을 르완다 정부나 학교들에 전할 생각에 벌써부터 뿌듯하다"고 했다.

기업체 인사 담당자들도 인재포럼의 '단골손님'이다. 최현철 동서식품 교육훈련팀 과장(42)은 "글로벌 대기업이 아닌 회사들은 변화의 속도를 따라잡기가 힘겨울 수밖에 없다"며 "소프트웨어 교육 등 직원들의 직무역량 재교육 분야에서 산업계의 전체적인 흐름에 뒤처지지 않으려고 포럼에 참석했다"고 설명했다. 교육계, 학계, 재계 등 이날 포럼을 찾은 참석자는 70여 개국 2300여 명에 달했다.

각 세션이 끝나고 이어진 질의응답에서는 교복을 입은 학생들의 날카로운 질문이 연사들을 긴장시켰다. '내일을 창조하는 메이커교육' 특별세션 좌장을 맡은 강인애 경희대 교육대학원 교수는 한 중학생 질문에 참석자들의 동의가 쏟아지자 이 학생을 자리에서 일으켜 청중의 박수를 유도하기도 했다. 이번 포럼에서 참석자들은 웹사이트를 통해 질문을 전송할 수 있고, 다른 참석자의 질문을 확인한 뒤 '좋아요' 표시도 할 수 있다. 좌장들은 태블릿PC를 통해 질문 목록을 실시간으로 확인할 수 있다.

평생교육에 대한 참가자들의 관심도 눈에 띄었다. 5년 전부터 매년 글로벌 인재포럼을 찾고 있다는 김영환 유니베라 고문(74)은 "이번 포럼 주제가 '미래를 여는 도전'인데, 우리 시대의 변화가 무쌍하다"며 "프레드리크 레인펠트 전 스웨덴 총리가 기조연설에서 지적했듯이 100세까지 20대의 대학 교육에 의존해서 살 생각을 해선 안 되겠다는 것을 깨달았고, 각 대학의 평생교육 기능이 확대돼야 한다고 느꼈다"고 말했다.

18

창의성 넘치는 디지털 인재들…
놀 공간 만들어줘야 혁신 성공

- 한국경제 강경민·구은서 기자 2018.11.07.

글로벌 인재포럼 2018 - 미래를 여는 도전

청년들 스타트업 도전해야
제2의 삼성·현대車 나온다

　'글로벌 인재포럼 2018'에 참석한 주요 연사들은 "4차 산업혁명 시대의 주역이 될 디지털 세대가 창의성을 발휘할 수 있는 환경을 조성해 줘야 혁신에 성공할 수 있다"고 입을 모았다. 틀에 박힌 인재만을 양성하는 대학과 기업들의 인재관리 방식이 혁신과 자율성을 강조하는 방향으로 바뀌어야 한다는 지적이다.

　교육부, 한국직업능력개발원, 한국경제신문사 공동 주최로 서울 광장동 그랜드워커힐호텔에서 6~7일 열린 '글로벌 인재포럼 2018'의 화두는 '기업가정신'과 '스타트업(신생 벤처기업)'이었다. 마크 마이어 미국 노스이스턴대 교수는 "대기업의 전통적인 관리감독 체계에선 직원들의 혁신적인 아이디어가 나올 수 없다"며 "적극적인 사내 스타트업 지원을 통해 직원들의 기업가정신을 북돋아줘야 한다"고 밝혔다. 국내 스타트업 지원기관인 N15의 류선종 공동대표는 "혁신과 창의성으로 무장한 청년들이 스타트업에 끊임없이 도전해야 제2의 삼성과 현대자동차가 나올 수 있다"고 강조했다.

국내 대학 총장들의 끝장토론에서도 디지털세대가 창의성을 발휘할 수 있도록 대학 교육방식을 획기적으로 바꿔야 한다는 제언이 쏟아졌다.

신성철 KAIST 총장은 "교수들이 낡은 강의 관행을 버리고 학생들의 창의성과 도전정신을 키워주도록 교육방식을 바꾸는 노력을 해야 한다"고 강조했다.

19

"아이디어를 낸 사람이 '리더'…
혁신하려면 직원들이 뛰게 하라"

- 한국경제 박상용 기자 2018.11.07.

글로벌 인재포럼 2018 - 미래를 여는 도전
사내 기업가정신이 경쟁력

이어폰을 쓰지 않고도 전화 통화를 할 순 없을까. 스마트 시곗줄 '시그널'은 삼성전자 직원의 아이디어에서 출발했다. 손목에 밴드를 차고 손가락 끝을 귀에 대면 전화를 건 상대방의 목소리가 들리는 제품이다. 시그널을 개발한 우리들연구소는 삼성전자 사내 벤처로 출발해 2015년 9월 분사에 성공했다.

이재일 삼성전자 창의개발센터장(상무)은 7일 '글로벌 인재포럼 2018'에서 '사내 기업가정신, 기업성장의 경쟁력'을 주제로 발표하면서 "대기업이 성장 한계에 직면했다는 얘기가 나오지만 직원들의 아이디어를 반영해 우리들연구소와 같은 사내 벤처를 키우면 얼마든지 외연을 확장할 수 있다"고 주장했다.

이 센터장은 우선 직원들이 적극적으로 아이디어를 낼 수 있는 환경을 조성해야 한다고 강조했다. 그는 "국내에 있는 삼성전자 임직원의 80%는 20~30대"라며 "이들은 생각이 자유롭고 누가 시키는 일보다 자신이 관심있는 일에 몰두하는 경향이 있다"고 했다. 그러면서 "자율 근무제, 아이디어를 낸 사람이 리더를 맡는 수평적인 조직 문화 등이 성과 창출에 도움이 될 수 있다"고 덧붙였다.

이 센터장은 직원들의 집단지성을 활용할 필요가 있다는 제안도 했다. 삼성전자는 2014년부터 사내 집단지성 시스템인 '모자이크'를 운영하고 있다. 예컨대 '소비자에게 새로운 가치를 줄 수 있는 생활 속 AI(인공지능) 시나리오'라는 주제를 두고 모든 임직원이 자유롭게 아이디어를 내는 방식이다. 현재까지 아이디어는 약 16만 건으로 이 가운데 실행된 아이디어만 500건 이상이다. 사업 부문별로 아이디어를 받는 것보다 훨씬 다양한 의견을 받을 수 있다는 설명이다.

이 센터장에 이어 주제 발표자로 나선 마크 마이어 미국 노스이스턴대 경영학 교수도 사내 기업가정신을 키울 수 있는 방법을 공유했다. 그는 직원들의 아이디어에 지나친 완벽성을 요구해서는 안 된다고 조언했다. 직원들이 아이디어를 내는 데 부담을 느낄 수 있는데다 정작 조직 차원에서 이를 실현하기 위한 작업이 지연될 수 있어서다.

그는 도전적이고 창의적인 직원들의 사기를 꺾어서는 안 된다고 강조했다. 마이어 교수는 "기업 혁신의 주인공은 임원이 아니라 직원"이라며 "아이디어를 냈다가 실패하는 직원에게 불이익을 줘서는 안 된다"고 당부했다. 가령 초콜릿 엠앤엠을 생산하는 미국 식품기업 마스의 임원들은 사내 혁신을 추진했다가 실패하는 직원들을 해고하지 않겠다고 서명하기도 했다.

20

"창업, 부자 되기보다
사회 변화시키겠다는 목표로 해야"

- 한국경제 김기만·성수영·노유정·임유 기자 2018.11.07.

글로벌 인재포럼 2018 - 미래를 여는 도전

차세대 영재 기업인과 글로벌 리더의 만남

"세계적 연사들이 마치 예전부터 알고 지낸 사이처럼 친절하게 답변해 인상적이었습니다." (정자윤, 부산 유락여중 2학년)

"평소 궁금해하던 회사인 위워크의 내부 이야기를 생생하게 들을 수 있어 좋았습니다." (정유선, 서울 영훈국제중 2학년)

'글로벌 인재포럼 2018' 둘째 날인 7일 서울 광장동 그랜드워커힐호텔에는 창업 꿈나무를 위한 특별한 자리가 마련됐다. 이날 특허청과 한국발명진흥회가 운영하는 '차세대 영재 기업인' 프로그램에서 활동하는 중·고교생 30여 명은 '대한민국 차세대 영재 기업인과 세계적 리더의 만남' 행사에 참석해 인재포럼 연사들과 대화하는 시간을 보냈다. 마크 마이어 미국 노스이스턴대 교수, 마크 하버크로프트 석세스팩터스 최고운영책임자(COO), 앤디 탕 드레이퍼대 최고경영자(CEO), 조벽 숙명여대 석좌교수, 최현명 위워크 한국지사 인사부총괄 등이 참석했다.

연사들은 학생들과 오찬을 함께하며 진로 멘토가 돼줬다. 마크 마이어 교수는 "비전을 실현하기 위해서는 좋은 멘토를 찾아 조언을 얻고 인턴십 등을 통해 많은 경험을 해야 한다"며 "사업 파트너가 될 수 있는 친구를 찾기 위해 인적 네트워크를 풍부하게 조성하라"고 조언했다. 이준서 군(서울 을지중 2학년)이 앤디 탕 CEO에게 '성공적인 투자자가 되는 비결을 알려달라'고 하자 앤디 탕은 "과거에는 평균 수명이 40세에 불과했지만 지금은 70세가 넘는다"며 "미래 세상은 발전할 것이란 믿음을 가지는 게 핵심"이라고 답했다.

부부 벤처사업가인 애브 페터먼과 리사 페터먼 노미쿠 공동대표는 "우리가 개발한 제품은 어떤 음식을 할지 입력하면 시간과 온도가 자동으로 설정돼 요리 부담을 덜어준다"며 "창업할 때는 부자가 되려는 목표보다 어떻게 사회를 변화시킬지 고민해야 한다"고 말했다.

■ 이상, 2018-미래를 여는 도전

21

일광전구, 디자인·SNS 마케팅으로
'사양산업' 늪에서 살아남다

- 한국경제 김기만·안효주 기자 2019.01.01.

2019 중소기업 위기탈출

57년 된 대구의 중소기업

다른 기업 LED로 돌아설 때 장식용·파티용 백열전구 개발

구호·아우디와 협업…카페도 열어

젊은층서 '핫한 전구' 입소문

2019년 한국의 중소기업은 어려운 한 해를 보낼 것이라고들 한다. 악재는 최저임금 인상, 근로시간 단축뿐만이 아니다. 사업 자체가 사양산업이라 어려울 수도 있고, 레드오션에서 살아남아야 하는 회사도 있다. 또 저출산은 수많은 기업을 한계상황으로 내몰고 있다. 하지만 중소기업은 잡초와 같다고 했다. 공터만 있으면 정착하고, 비가 오면 무성해진다. 잡초 같은 생명력으로 사양산업, 레드오션, 저출산의 굴레를 벗어나려는 회사의 스토리를 소개한다.

지난해 말 어느 저녁 서울 이태원에 있는 패션브랜드 구호의 플래그십 스토어. 주광색 조명이 실내를 밝히고 있다. 패션 스토어라기보다 조명 가게에 가까운 느낌이다. 구호가 국내 마지막 남은 백열전구 제조업체 일광전구와 협업한 결과다. 구호는 일광전구의 로고를 활용한 제품을 출시하고, 매장에서 일광 스토리를 담은 전시회를 열고 있다.

대구에 있는 일광전구는 1962년부터 백열전구를 생산했다. 2000년대 LED(발광다이오드) 조명이 확산되자 위기를 맞았다. '번개표' 브랜드로 유명한 금호전기, 남영전구 등 경쟁사는 백열전구 사업을 접었다. 하지만 일광전구는 살아남았다. 백열전구에 디자인과 문화를 입히는 전략이 통했다.

젊은이의 매체를 활용하라

백열전구는 비효율적인 조명이다. 전력 사용량 중 5%만 빛을 내는 데 사용한다. 95%는 열에너지로 발산하기 때문이다. 1970~1980년대 잘나가던 전구 업체들은 2014년 정부의 가정용 생산 및 수입 금지 조치에 따라 대부분 LED로 돌아섰다.

일광전구도 마찬가지 처지였지만 다른 길을 갔다. 1998년 가업을 이어받은 김홍도 일광전구 대표는 경쟁사가 백열전구 사업을 포기할 때 돌파구를 모색했다. "디자인을 입히면 새로운 길을 열 수 있다"는 게 그의 생각이었다. 분기점이 된 것은 2013년이다. 외부 디자이너로 협업하던 권순만 디자인팀장을 영입해 브랜드 총괄을 맡겼다. 권 팀장은 삼파장·크립톤 등 생산자 중심의 기술적 용어부터 바꿨다. 소비자가 용도에 따라 전구를 고를 수 있도록 클래식·장식용·파티용 등으로 분류했다. 클래식 전구는 C, 장식용 전구는 D, 파티 조명은 P 등으로 알기 쉽게 표기했다. 소비자 취향에 맞춰 상품 종류는 늘리고 생산량은 줄였다. 필라멘트를 여러 번 꼬거나 전구를 다이아몬드 모양으로 깎는 등 파격적인 디자인의 제품도 선보였다. 유물로 취급받던 백열전구를 빈티지 제품으로 탈바꿈시킨 것이다.

이 전략에 젊은이들이 반응했다. 젊은 층 사이에서 '유니크한(독특한) 전구가 갖고 싶으면 일광을 찾으라'는 입소문이 났다. 일광전구 관계자는 "과거 100종의 전구를 하루 6만 개 생산하던 때도 있었지만 지금은 300종 이상의 전구를 1만5000개 제작한다"며 "디자인을 입혀 부가가치를 높이자 수익성도 개선됐다"고 설명했다. 2000년대 초부터 생산설비를 자동화한 것도 수익성 향상에 도움이 됐다.

백열전구를 경험해보지 못한 10~20대와의 소통에도 적극적으로 나섰다. 본사 내부에 전담 마케팅팀을 신설해 소셜네트워크서비스(SNS) 등을 관리하기 시작했다. 일광전구의 인스타그램 팔로어 수는 3000명이 넘는다. 유튜브에서 일광전구 '언박싱 영상(포장을 풀면서 제품을 소개하는 영상)'도 찾아볼 수 있다.

버려진 건물 디자인 조명으로 살려
일광전구가 젊은 층 사이에서 인기를 끌자 외부에서 협업 요청이

들어오기 시작했다. 삼성물산 패션부문의 여성복 브랜드 구호는 지난 달 일광전구와 협업한 상품 라인 '아티산'을 출시했다. 이태원에 있는 구호 플래그십 스토어에서의 일광전구 전시회도 이런 차원에서 기획했다. 이곳에는 컨베이어벨트 등 전구 생산에 실제로 사용한 설비도 선보였다.

일광전구는 2015년 국내 최대 규모 음악축제인 그랜드민트 페스티벌에 조명을 설치하기도 했다. 일광전구는 야외무대의 관객석 주변을 장식용 전구로 꾸몄다. 백열전구 특유의 몽환적인 분위기와 감상적인 인디 음악이 어우러져 좋은 평가를 받았다. 지난해 9월엔 아우디와 신차 공개 행사에서 협업하기도 했다.

젊은 층 사이에서 인기가 높은 '낡은 공간 개조 프로젝트'에도 참여했다. 부산 백제병원, 서울 합정동의 카페 앤트러사이트 등 오래된 건물과 버려진 공장터를 개조해 마련한 공간은 일광전구의 아날로그 감성과 잘 어울렸다. 상업적 공간이란 느낌이 엷어지자 관광객의 발길이 이어졌다.

지난해 말 폐건물을 사들여 조명 전시를 겸하는 카페도 열었다. 인천 중구(동인천 개항로)에 있는 버려진 산부인과 건물을 새롭게 꾸며 '라이트하우스'란 이름의 카페를 개장했다. 매장 곳곳을 독특한 디자인의 백열전구로 채우고, 병원 문짝을 재활용해 테이블을 제작했다. 김 대표는 "양산 제품은 더 이상 경쟁력이 없는 시대"라며 "디자인과 창의적인 생각으로 100년 기업을 키울 것"이라고 말했다.

22

'재래식 산업' 뛰어든 스타트업…
세상에 없던 참기름·양말 만든다

- 한국경제 심성미 기자 2019.02.13.

첨단기술 접목·유통관행 개선…오래된 업종들 혁신

쿠엔즈버킷, 프리미엄 참기름 생산
원적외선으로 참깨 볶아 추출

미트박스·정육각은 축산업 도전
농장 직거래로 가격 경쟁력↑
폴프랜즈, 1~7세 겸용 양말 선보여
뉴턴1665, 소셜펀딩으로 칫솔 개발

혁신이 존재하지 않을 것 같은 '재래식 산업'에 뛰어들어 혁신을 일으키는 스타트업(신생 벤처기업)이 늘고 있다. 기존 시장의 낡은 관행을 개선하면서 새로운 가치를 창출하는 것이다. 참기름 제조부터 정육 유통, 양말 제조까지 분야는 다양하다. 이들은 "재래식 산업은 시장 규모도 크고 비집고 들어갈 혁신 여지가 많다"고 입을 모은다. 새로운 생각과 기술이 오래된 산업과 만나 혁신이 일어나고 있는 셈이다.

21억 원 투자받은 참기름 제조업체

이 중에서도 최근 가장 이름이 많이 거론되는 회사는 참기름 제조 스타트업 쿠엔즈버킷이다. 참기름 제조업체라고 하면 시장의 조그만 방앗간이 떠오르지만 쿠엔즈버킷은 사업성을 인정받아 최근 21억 원을 투자받기도 했다.

이 회사 박정용 대표는 "백화점 식품 마케터로 일하던 도중 참기름 시장이 수십 년간 기술 진보 없이 정체돼 있다는 느낌을 받았기 때문"이라고 창업 배경을 설명했다. 그는 시중에서 많이 쓰는 고온흡착 방식 대신 저온흡착 방식으로 참기름을 생산한다. 독일에서 올리브유 압착용 기계를 들여와 참깨 압착에 맞게 변경했다. 140도 이하에서 원적외선으로 볶아 추출한 참기름은 기존 참기름과 달리 동물성 지방 맛이 난다. 기존 참기름보다 몇 배 더 비싼 가격임에도 국내 백화점 식품관 등에서 인기를 끌고 있다.

지난해 18억 원의 매출을 올렸다. 해외에서도 좋은 평가를 받았다. 미국의 미쉐린 레스토랑인 '대니얼'과 '바타드'에선 올리브유 대신 쿠엔즈버킷의 참기름으로 스테이크와 연어를 요리한다.

박 대표는 "최근 신선한 지방에 대한 관심이 높아지면서 투자자들은 식물성 식용 지방산업을 선도할 수 있는 기업으로 보기 시작했다"고 말했다.

정육시장의 혁신

'육체노동'의 영역이라 여기던 정육 시장도 변화하고 있다. 축산물 B2B(기업 간 거래) 플랫폼 미트박스는 '도축상-대도매상-소도매상-소유통상-식당·정육점'이라는 유통 구조를 깨버렸다. 도축상(공급자)과 식당 등 최종 수요자를 직접 연결해주는 서비스를 제공한다. 중간 유통 단계를 생략했기 때문에 식당 주인은 기존가보다 30%가량 싼 가격에 고기를 구매할 수 있다.

서영직 미트박스 대표는 "고기 원가가 투명하게 제공되면 지나치게 높은 유통마진과 미수금 거래 관행이 없어질 것으로 보고 사업을 시작했다"고 말했다. 판매자와 최종 소비자가 직접 거래하기 때문에 판매대금 회수도 빨라졌다. 설립 4년여 만인 지난해 미트박스를 통한 거래 규모는 3000억 원을 넘어섰다. 서 대표는 "축산물 B2B 유통 시장은 연간 13조 원이 넘는다"며 "혁신을 통해 고객을 끌어들일 여지가 많은 시장"이라고 설명했다.

정육각은 도축된 지 나흘 이내의 돼지고기·닭고기·달걀 등만 취급하는 온라인 정육점이다. 수도권 지역에서 점심시간 이전에 주문하면 당일 배송된다. 김재연 대표는 "주문된 고기의 무게를 정확히 잘라내 자동발주한 뒤 포장해 나가는 '저스트인타임' 생산 시스템을 개발해 가능한 서비스"라고 말했다. 고기의 신선도는 높지만 농장과 직거래하기 때문에 같은 스펙의 고기라도 대형마트보다 10~15%가량 싸다. 그는 "혁신과 변화가 없던 시장이라는 건 기회가 많다는 뜻"이라며 "재창업을 하더라도 다시 축산업종을 선택할 것"이라고 말했다.

세계를 무대로! 무대를 품 안에!

칫솔에 양말까지

치과의사가 직접 칫솔 제작에 뛰어들기도 했다. 박미라 뉴턴1665 대표는 "시중에서 판매되는 칫솔은 칫솔모 크기가 커 치태와 치석이 제일 먼저 쌓이는 잇몸이나 치아 경계부까지 깨끗하게 닦지 못한다"며 "시중 칫솔의 단점을 극복하기 위해 칫솔모 폭이 좁은 칫솔을 개발했다"고 말했다. 지난해 1월 회사를 세운 뒤 와디즈펀딩을 통해 개발 자금을 마련했다. 학부 기계공학과에서 배운 기억을 살려 금형 제조까지 관여했다.

양말을 생산하겠다고 나선 스타트업도 있다. 폴프랜즈는 1~7세 아동이 사이즈에 구애받지 않고 신을 수 있는 '늘어나는 양말'을 오는 4월 내놓는다. 10㎝ 정도의 양말이지만 7세 아이도 신을 수 있다. 민형미 대표는 "엄마들이 모여 있는 카페에 '사놓은 아기 양말이 금세 작아졌다'는 불만 글이 많이 올라오는 것을 보고 착안했다"며 "스판 사용을 최소화하면서 늘어나는 재질의 원단을 개발해 특허를 취득했다"고 말했다.

낚시 예약 플랫폼도 등장했다. 해양수산테크 스타트업 마도로스는 전화 예약 대신 자체 플랫폼으로 고객과 선주를 연결해준다. 국내 낚싯배 4600여 척 중 1000여 척과 협력해 낚싯배 선택부터 예약 및 결제에 이르기까지 한 번에 해결할 수 있다. 벤처캐피털로부터 30여억 원을 투자받아 서비스를 시작한 뒤 1년6개월 만인 지난해 9월부터 흑자 전환에 성공했다.

23

容器의 마술…화장품 新시장을 만든다

- 한국경제 심성미 기자 2019.02.13.

쿠션 · 펌프튜브 BB크림 · 선스틱
편의성 개선한 용기 수천만 개 팔려

랑콤 에센스 매출 증가 숨은 주역
연우 4분기 사상 최대 실적

주사기 모양의 앰풀, 크레용 같은 립스틱, 딱풀 모양의 선크림, 유명 패션 디자이너 제러미 스콧의 그림이 그려진 립 팔레트…. H&B 스토어에 들어서면 장난감 가게를 방문한 듯한 착각이 든다. 밋밋한 플라스틱 병은 찾아보기 힘들다. 기능과 디자인 두 가지를 모두 갖춘 용기가 차별화가 어려운 화장품 시장에서 새로운 수요를 창출하는 무기가 되고 있다. 업계에서는 "화장품을 기획하기 전에 내용물보다 용기를 먼저 선정한다"는 말이 나올 정도다. 이런 트렌드 덕에 국내 1위 용기업체 연우는 지난해 4분기 전년 동기 대비 20.9% 증가한 매출(704

억 원)을 올렸다. 분기 기준 사상 최대다.

1조 원 수준으로 커진 용기 시장

화장품 용기 역사를 바꿔 놓은 제품은 2008년 아모레퍼시픽에서 나왔다. 쿠션 파운데이션이다. 메이크업 베이스와 파운데이션, 선크림 등을 특수 스펀지 재질에 흡수시켜 팩트형 용기에 담았다. 액체 파운데이션을 쓰면 화장 시간이 오래 걸린다는 문제점에 착안해 개발된 이 제품은 출시되자마자 대박을 쳤다. 최근 누적 판매량 1억 개, 연 매출 1조 원 규모를 넘어섰다. 용기가 1조 원 규모의 새로운 시장을 만들어 냈다는 평가를 받는다. 업계 관계자는 "15년 전까지만 해도 세계 화장품 용기 개발은 독일, 일본이 맡았지만 최근 국내 업체들이 그 자리를 차지하고 있다"고 전했다.

이는 K뷰티 열풍의 인프라 역할을 하는 용기업체들의 기술력이 높아졌기 때문이다. 대표적인 사례는 연우가 개발한 에센스용 '셀프로딩 드로퍼'다. 보통 에센스 용기는 뚜껑에 달린 고무 부분을 누르면 내용물이 스포이드 관에 빨려 들어간다. 셀프로딩 드로퍼는 뚜껑을 닫을 때 자동으로 내용물을 흡입해 바로 쓸 수 있다. 이제품은 랑콤의 간판 에센스 제품인 제니피크 용기로 쓰인다. 모든 제니피크 용기는 연우가 제조한다. 이 제품은 2015~2018년 4년간 1927만 개가 나갔다. 이 용기는 랑콤과 연우 양측에 전환점을 마련해 줬다. 랑콤은 이 제품으로 경쟁자인 에스티로더의 '갈색병 에센스'에 빼앗긴 점유율을 회복했으며, 연우는 '용기 신흥국' 강자임을 입증했다. 연우는 이외에도 튜브

를 누를 때 앰풀이 한 방울씩 떨어지는 '드로퍼 튜브'(누적 판매량 1020
만 개) 등 신제품을 개발해 새 시장을 만들었다.

3000만 개 팔린 에어리스 콤팩트

국내 2위인 펌텍코리아도 지난해 매출이 1500억 원에 이른 것으로
추산하고 있다. 펌텍은 2009년 '에어리스 콤팩트'라는 제품을 세계 최
초로 개발했다. 팩트 케이스 안에 작은 구멍들을 뚫어 버튼을 누르면
구멍에서 파운데이션이 필요한 만큼 나온다. 양 조절이 가능하고 위생
적이라는 장점 때문에 2010년 LG생활건강의 캐시캣 '찰크림파운데이
션'에 처음으로 공급했다. 이후 에스티로더 등 글로벌 브랜드에 납품을
성사시켰다. 지금까지 3000만 개 이상 팔렸다.

펌텍이 2002년 개발한 '펌프튜브'는 스테디셀러가 됐다. 치약처럼 생
긴 튜브 제품에 펌프 용기를 붙였다. 미샤의 '시그니처 BB크림'이 대표
적용 제품이다. 출시 후 5000만 개 이상 팔렸다. 데오도란트에만 사용
하던 스틱 용기를 국내 최초로 선크림에 적용한 것도 펌텍이다. 막대
용기에 선크림을 넣기 위해 선크림을 고체로 만들었다. 이 제품도 2014
년 출시 이후 1000만 개 이상 팔렸다. 회사 관계자는 "수십 개 글로벌
업체들이 1주일에 한 번꼴로 펌텍을 방문해 용기를 찾는다"고 전했다.

용기 디자인을 위해 디자이너나 캐릭터, 패션 브랜드와의 협업도 늘
고 있다. 토니모리는 키르시, 모스키노 등 다양한 패션 브랜드와 컬래
버레이션 제품을 내놓았다. 맥은 패션 디자이너 제러미 스콧과 협업해
독특한 화장품 케이스를 내놓으며 좋은 평가를 받았다.

세계를 무대로! 무대를 품 안에!

명노현 "실패서 얻는 것 많아…
더 많이 도전해야"

- 한국경제 고재연 기자 2019.02.19.

LS전선 연구원들과 '소통 간담회' …"R&D서 창조적 파괴 나서라"

실수는 용납 안 돼…품질로 직결
고압 직류케이블 같은 선도기술이 中 제품의 위협 막는 '장벽'
될 것

R&D 인력에서도 CEO 나와야
"경영진이 생각하는 연구개발(R&D)이란 무엇인지 궁금합니다."

지난 18일 경기 군포 LS전선 R&D센터. 한 연구원이 명노현 사장에게 '돌직구'를 던졌다. 사장과 연구원 80명이 모인 'CEO(최고경영자) 톡톡(talk talk) 소통 간담회' 자리에서다. 명 사장은 '실패'와 '실수'의 차이를 구분해야 한다고 답했다. "연구원들이 더 많은 '창조적 파괴'를 시도했으면 좋겠습니다. 실패에서는 늘 얻는 것이 있기 때문에 더 많이 도전해야 합니다. 실수는 얘기가 다릅니다. 실수가 곧 품질로 직결되는 만큼 반복해서는 안 됩니다."

이날 처음 열린 'CEO 톡톡 소통 간담회'는 명 사장이 직원들과 소통을 강화하기 위해 직접 기획한 행사다. 회사의 경영철학과 기업 운영 방향을 직원들과 공유하는 자리가 필요하다는 판단에서다. 90분간의 간담회(질의 응답)가 끝난 뒤 저녁식사 자리에서도 토론이 이어졌다. 회사의 R&D 목표 및 전략, 조직 운영, 인재 육성 등이 주제였다.

명 사장은 중국 전선 기업들이 값싼 제품으로 시장을 잠식하는 상황에서 R&D가 회사의 성장을 이끌어야 한다고 강조했다. R&D 활동이 경쟁사들의 위협으로부터 회사 미래를 보호하는 '장벽'이 돼야 한다는 의미다. 그는 대용량 장거리 송전에 유리한 고압 직류송전케이블(HVDC)을 예로 들었다. LS전선은 국내에서 유일하게 HVDC 케이블 개발·시공 노하우를 갖고 있다. 해외에서도 유럽과 일본의 5개 업체만 보유한 기술이다.

이 회사는 2005년부터 HVDC 시장의 성장 가능성을 내다보고 선도적으로 R&D에 뛰어들었다. 최근 동남아시아 도서 지역의 도시화와 북미·유럽의 신재생 발전 확대에 힘입어 관련 수요는 갈수록 커지는 추세다. 한국과 북한, 중국, 일본, 러시아의 전력망을 잇는 동북아시아 슈퍼 그리드(거대 규모의 전력망) 구축을 위해서도 HVDC 기술은 필수적이다. 명 사장은 "HVDC 기술 개발에서 그랬던 것처럼 시장의 변화를 먼저 읽어내고 경쟁사가 하지 못하는 선행 R&D를 시도해야 한다"고 강조했다.

'국가별 특화 제품'을 내놓아야 한다고도 했다. 도서 지역의 도시화가 진행되는 동남아에는 해저케이블을, 신규 전력망을 구축하고 있는 미국에는 배전 케이블 분야에 특화한 제품을 개발해 고객이 요구하기 전에 선도적으로 선보여야 한다는 것이다. R&D 인력에 대한 전폭적인 지원도 약속했다. 명 사장은 "R&D 인력 중에서도 CEO가 나와야 한다"며 "경영자 마인드로 R&D를 하고, 성과가 나오면 당당하게 보상을 요구할 수 있는 문화를 만들겠다"고 말했다.

25

허창수 "낚시꾼 스윙 최호성처럼 자신만의 성공전략 만들어야"

- 한국경제 박상익 기자 2019.02.24.

GS 신임 임원들과 만찬

허창수 GS 회장이 그룹 신임 임원들에게 "'낚시꾼 스윙'처럼 자신만의 방식으로 성공전략을 세워야 한다"고 당부했다.

24일 GS그룹에 따르면 허 회장은 지난 22일 제주 엘리시안 리조트에서 열린 GS 신임 임원들과의 만찬에서 최근 일본 프로골프 투어 우승에 이어 세계 골프계에서 화제가 되고 있는 프로골퍼 최호성 선수 사례를 소개하며 이같이 말했다.

허 회장은 "최 선수의 인기는 독특한 스윙 때문만이 아니라 경제적으로 매우 어려운 환경과 적지 않은 나이에도 불구하고 끊임없는 도전과 노력으로 얻어낸 결과라는 사실이 알려졌기 때문"이라고 설명했다.

이어 "고교 시절 냉동 참치를 해체하다 엄지손가락을 다치는 사고를 당하고 경제적으로 레슨을 받을 수 없어 독학으로 연습하면서도 우승이라는 목표를 위해 각고의 노력으로 만들어 낸 것이 바로 낚시 스윙"이라고 덧붙였다.

허 회장은 "이는 아무리 어려운 상황이어도 최고가 되겠다는 집념으로 끊임없이 노력하면 차별화된 경쟁력을 확보하고 큰 성과를 이룰 수 있다는 것을 보여주는 사례"라며 "여러분도 주어진 환경이 불확실하고 어렵더라도 끊임없는 도전과 혁신으로 새로운 역사를 쓰도록 최선을 다해달라"고 주문했다.

허 회장은 또 신임 임원들에게 "현재에만 머물러서는 안 되고 국내 수준을 넘어서 글로벌 기업과 경쟁해도 뒤지지 않을 경쟁력을 갖춰야 한다"고 강조했다. 그는 조선 후기 학자 이상정의 문집 대산집(大山集)에 실린 '안대건곤소 심고대악비'(眼大乾坤小 心高岱岳卑: 안목이 크면 천지가 작아 보이고, 마음이 높으면 태산이 낮아 보인다)라는 글귀를 인용하며 "항상 자신의 부족한 점을 인식해 지금보다 나은 실력을 갖추도록 노력하면서 이런 과정을 구성원들과 공유해 조직 전체가 최고의 성과를 낼 수 있게 해야 한다"고 당부했다.

허 회장은 "불확실한 상황에서도 기회에 민첩하게 대응해 성과를 창출해야 한다"며 "4차 산업혁명의 진화 속에서 미래의 사업 기회를 적극적으로 발굴하고, 신속하고 능동적으로 대응할 수 있는 자율적 조직구조를 구축해야 한다"고 말했다.

26

교회음악 배우다…
장갑차에 빠져 세 번 입대한 여군

- 조선일보 조유미 기자 2019.02.27.

전투부대 최초 女 장갑차 조종수 제8기계화보병사단 신지현 하사

키 158㎝의 체구로 육중한 장갑차를 능숙하게 조종한다. 장갑차가 수상(水上) 항해할 때 파도를 막아내는 70㎏의 장비 '파도막이'를 척척 펼쳐내고, 높이 2m가 넘는 조종석에도 훌쩍 올라간다. 전투부대 최초 여군 장갑차 조종수인 육군 제8기계화보병사단 신지현(30) 하사다. "육군 최고의 장갑차 조종수를 목표로 부족함 없이 임무수행 하겠습니다."

신 하사의 군번은 3개다. 2011년 보병 부사관을 시작으로 2014년 보병 장교로 재임관, 2017년 중위로 전역했다. 작년 9월 기갑 부사관으로 재입대해 장갑차 조종면허를 따고 장갑차 조종수가 됐다. 지난 18일부터 경기북부와 강원도 일대에서 진행 중인 야외 전술기동훈련에 참가 중이다. 여군이 장갑차를 몰며 실제 기동 훈련에 참가하는 건

이번이 처음. 그는 "장갑차는 중심축이 엇나가면 엎어지거나 궤도가 벗겨져 운행이 불가능하다"며 "작은 실수도 용납되지 않는 실제 상황이라 생각했다"고 했다.

26일 오후 강원도 철원군 지포리사격장에서 야외 전술기동훈련을 마친 신지현 하사가 K-277 장갑차 조종석에 앉아 엄지를 치켜들고 있다. 육군

대학에서 교회실용음악을 전공한 그가 스물다섯에 군인의 길로 들어선 건 육군3사관학교 입학을 준비하던 친구 덕이다. 어릴 때부터 군복 입은 군인을 보면 '나라를 지킨다'는 생각에 설렜다는 신 하사에게 친구는 부사관 지원을 추천했다. 그는 "주변에 장교나 부사관으로 근무한 사람이 없어 당시만 해도 군인의 직업은 제게 '미지의 영역'이었다"고 했다.

1년간 부사관 시험 준비에 매달렸다. 체력을 보완하려 매일 3㎞씩 공원을 달렸다. 무에타이와 스쿠버다이빙도 배웠다. 부모님을 설득할 땐 기뻐하는 어머니 모습에 오히려 놀랐다고 했다. "젊은 시절 군인을 꿈꿨다는 어머니가 딸이 대신 꿈을 이룬다며 적극적으로 밀어주셨죠."

2014년 8월 첫 전역을 하고 같은 해 재입대를 결심한 건 진취적으로 변하는 자신의 모습이 마음에 들었기 때문. 신 하사는 "대학생 땐 진로를 고민하며 의미 없는 생활을 반복했다"며 "군복을 입은 후 국가를 지킨다는 자부심과 군을 대표한다는 생각에 끊임없이 발전할 방법을 찾게 되더라"고 했다.

장갑차의 매력을 묻자 '기동력과 방어능력'을 꼽았다. 육군 5기갑여단에서 처음 박격포 분대장을 지내며 거침없이 전장을 누비는 기갑부대의 막강한 기동력과 화력에 매료됐다고 한다. 2017년 두 번째 전역 후 이듬해 기갑병과 여군에 지원한 것도 장갑차의 매력에 푹 빠져서다. "조종뿐 아니라 계기판에 전구를 갈아 끼우는 사소한 일까지 완벽하게 해내기 위해 매 순간 긴장하고 있습니다."

신 하사는 '군인 부부'이기도 하다. 중사인 남편은 육군공병학교에서 장애물 운용 교관으로 근무하고 있다. 현재 근무지인 양주와 남편이 있는 전남 장성을 오가며 생활한다. "꿈을 응원해 주는 남편의 지원에 끊임없이 도전을 이어올 수 있었죠." 그는 "기회가 된다면 기갑병과로 퇴역할 때까지 장기 복무를 할 것"이라며 "모든 군인이 훌륭한 '기갑인'으로 절 떠올리도록 쉼 없이 달리겠다"고 했다.

세계를 무대로! 무대를 품 안에!

27

알프스에 뜬 하늘의 농부, 생산량 10% 늘렸다

- 조선일보 로잔(스위스) 김은진 탐험대원, 취재 동행 조선비즈 김남희 기자 2019.03.11.

[청년 미래탐험대 100] [4] 드론이 키우는 스위스 농업… 농업 혁신 꿈꾸는 25세 김은진 씨

정밀기계 강국 스위스의 도시 로잔에서 거대 박쥐 같은 무게 1.4kg짜리 드론을 두 손에 들었다. 검은색의 이 드론은 비행기 축소판처럼 양 날개와 프로펠러를 갖고 있었다. 양 날개 사이 비행기 객실에 해당하는 본체엔 최첨단 카메라·센서·배터리가 들어 있었다. 드론 스타트업인 '센스플라이'

스위스 로잔의 드론 제조 업체 센스플라이를 방문한 탐험대원 김은진(25) 씨가 농업용 드론 이비(eBee)를 들고 있는 모습. 김남희 조선비즈 기자

의 벤저민 핑게 매니저는 "이 드론이 하는 일은 농사를 더 효율적이고 쉽게 하는 것"이라고 소개했다. 1차 산업이라 불리는 농업과 '혁명적'이라고 불리는 4차 산업의 주인공 드론은 알프스의 예쁜 호수 도시 로잔에서 신나게 뒤섞여 있었다.

드론이 농사를 돕는다니, 감이 잘 오지 않았다. 내 표정에서 '물음표'가 읽혔는지 "가서 보면 안다"며 따라오라고 했다. 이 드론 녀석의 이름은 이비(eBee), 귀엽게도 '전자 꿀벌'이란 뜻이다. 모양이 투박해서 외모야 꿀벌과 거리가 있었지만, 인간의 식량 생산을 돕는다는 면에선 꿀벌과 하는 일이 비슷하다고도 할 수 있겠다.

이 전자 꿀벌이 일하는 방식은 이렇다. 먼저 측정하고자 하는 농지와 작물을 정한다. 드론은 날아다니는 동안 몸에 부착된 센서와 카메라로 농작물을 촬영한다. 이 전자 꿀벌은 한 번에 최장 59분을 날 수 있는데, 그동안 122m 높이에서 여의도와 비슷한 면적인 2.2㎢ 농지를 카메라에 담는다. 비행이 끝나면 소프트웨어에 기록된 영상과 자료를 이용해 작물의 영양 상태와 성장 정도를 세밀하게 파악할 수 있다.

"자, 한번 직접 날려 볼래요?" 처음 날려보는 드론이다. 아, 긴장된다. 아니나 다를까 내가 날린 드론은 힘이 약해서인지 땅에 금세 떨어졌다. 하지만 이 회사 드론 트레이너인 안드레아 블라이덴바허 매니저가 나 대신 성공적으로 드론을 날리는 것을 보고 대리만족할 수 있었다.

본격적인 분석 작업은 사무실로 돌아와 시작됐다. 9분 정도 드론이 비행하며 모은 정보는 수십 개의 파일에 나뉘어 저장됐다. 파일들을 한꺼번에 불러오니 드론이 찍은 농지 사진 위로 빨간색, 노란색, 초록색이 나타났다. 드론에 달린 '세쿼이아플러스' 센서와 카메라는 사람의 눈에 보이는 것뿐 아니라 빛의 파장, 인간이 감지 못하는 색까지 담아낸다고 한다. 블라이덴바허 매니저는 초록색과 붉은색 부분을 손가락으로 가리켰다. "빛이 다른 파장에서 어떻게 반사되는지에 따라 작물의 색이 다르게 표현되는데, 초록색은 작물이 건강하다는 뜻이고 붉은색은 작물이 스트레스를 많이 받았으며 영양분이 부족한 상태란 뜻"이라고 설명했다. 이런 작업을 사람이 직접 한다면 다 살피기도 전에 농사철이 끝날 터이다.

센스플라이의 농업용 드론 제조 업체
'센스플라이'가 한 이비에이션- 전자 클럽)가 한 농장 위를 날아가고 있다. (왼쪽 사진) 농업용 드론 '이비'는 농작물이 반사하는 빛의 파장을 분석해 어느 시점에 작물이 잘 크는지, 그리지 못하는지를 잡아낸다.

프랑스의 농업협동조합은 2015년부터 센스플라이 드론을 이용해 비료 필요량을 정확히 파악해 작물 생산량을 평균 10% 늘렸다고 한다. 장 토마스 셀레트 센스플라이 이사는 "드론을 이용해 얻은 데이터로 농가는 수확량을 늘리고, 비료와 농약 사용을 줄여 비용을 아끼고 환경에 가하는 충격도 낮출 수 있다. 앞으로 기업형 농장과 협동조합뿐 아니라 규모가 작은 개별 농가도 드론 도입을 늘릴 거라 생각한다"고 말했다. 이 말인즉슨 이제는 땅에서 농작물을 파악하지 않고 하늘에서 드론으로 더욱 효율적인 농사 정보 파악이 가능한 세상이 왔다는 것 아닌가. 그의 이야기를 듣고 내 머리엔 어린 시절 고향 논밭의 풍경이 떠올랐다. 부모님이 맞벌이여서 빈집에 들어가기 싫었던 나는 울산의 한 마을회관 앞 푸른 논과 밭에서 열심히 농사짓는 많은 사람을 몇 시간이고 바라보곤 했는데, 허리를 숙이고 농사짓는 모습은 건강하면서도 힘겨워 보였다. 농사가 '고생'이 아닌 '혁신'이 되다니 온몸에 소름이 돋을 만큼 놀랍게 느껴졌다.

로잔에 있는 또 다른 스위스 회사 '가마야'는 드론과 위성이 찍은 이미지를 인공지능 기술로 분석해 농작물의 영양소 공급 정도와 질병 감염 여부를 파악하고, 농가에 최적의 작물 관리법을 알려준다. 농업 대국 브라질의 대형 사탕수수 농장이 현재 이 회사의 이미지 분석 기술을 쓰고 있다고 한다. 스위스를 '기름진 토양'으로 연결짓는 이는 별로 없다. 심기만 하면 열매가 주렁주렁 열린다는 프랑스와는 달리 척박하다고 여기는 이들이 많다. 하지만 '치즈 왕국'이라고만 알고 있던 스위스에서 첨단 기술의 힘으로 농업 강국으로 진화하는 모습을 보았다.

귀국길에 비행기 창밖으로 눈으로 뒤덮인 산봉우리들을 바라보며 '왜 우리는 땅에서만 농사를 생각했을까'하는 생각이 들었다. 아무리 첨단 기술이 발달해도 인간은 먹거리 없이는 생존할 수 없다. 앞으로 2050년 세계 인구는 100억 명을 돌파할 것으로 예상되는데 식량 위기가 올지도 모른다고 한다. 농업 혁신 기술을 이용해 노동력을 줄이고 생산량을 증가시킨다면 지속 가능한 미래 농업에 한발 다가서지 않을까. 그 미래로 가는 길을 스위스에서 보았다.

[미탐100 다녀왔습니다]
"나만큼 농업에 미친 또래 로잔공대생들… 투지가 불끈"
저는 어려서부터 농사의 매력에 푹 빠져 대학도 식물자원학을 전공으로 선택한, 한마디로 농업에 미쳐 있는 대학생입니다. 진로를 농업으로 정했을 때 많은 사람이 만류했지만 조금도 개의치 않았습니다.

세계를 무대로! 무대를 품 안에!

농업은 사물인터넷 등 정보통신기술과 결합하면 엄청난 부가가치를 만들어낼 수 있는 기회의 땅이라고 믿었으니까요.

스위스가 그 일을 먼저 해내고 있었습니다. 드론을 논밭 상공으로 날리면 농작물의 영양 상태, 질병 가능성이 구체적인 숫자로 나왔고, 그 덕에 농약이나 비료 사용량을 줄일 수 있어 경제성과 친환경이라는 두 마리 토끼를 잡는 게 가능했습니다. 대부분이 산악 지형으로 둘러싸인 스위스 땅에서도 농업 생산량은 꾸준히 늘고 있는 비결이었습니다. 스위스에서는 젊고 혁신적인 젊은이들이 농업의 미래를 만들어가고 있었습니다. 스위스 최고 공대인 로잔공대에서 만난 동갑내기 연구원들은 나무에 매달린 사과 하나하나까지도 정밀하게 모니터링할 수 있는 기술을 연구하더군요.

이번 탐험을 통해 농업 선진국과의 격차를 절감했습니다. 하지만 갈 길이 멀다는 건 우리의 성장 잠재력이 크다는 걸 의미합니다. 저도 그 여정에 힘을 보태겠습니다.

28

"드론·위성이 찍은 사진 AI로 분석…
열매가 몇 개인지, 언제 수확할지 판단"

- 조선일보 2019.03.11.

픽테라 창업자 프랭크 모자이어

스위스 로잔에는 드론이나 위성으로 촬영한 지구 관측 이미지를 인공지능(AI) 기술로 분석해 주는 '픽테라'란 회사가 있다. 포도나무가 빼곡하게 심어진 땅에서 어디가 비어 있는지 같은 정보를 컴퓨터의 도움으로 몇 초 만에 찾아낸다. 이  회사의 공동 창업자이자 최고기술책임자(CTO)인 프랭크 모자이어〈사진〉를 만나 이야기를 들어 봤다.

회사를 창업한 배경이 궁금합니다.

"컴퓨터 회사에서 일하다가 누구나 지구 곳곳을 찍은 이미지를 활용해 원하는 정보를 찾도록 해보자는 생각에 2016년 창업했어요. 농부 같은 비(非)컴퓨터 전공자들이 쓸 수 있는 실용적인 AI 도구를 만들고 싶었습니다."

AI로 분석하는 과정을 알려주세요.

"건물 수백만 채나 광활한 농경지의 여러 정보를 수집했더라도 무엇이 특이한지, 어떤 변화가 있는지를 찾아내려면 오랜 시간이 걸리겠죠? 우리가 개발한 AI 알고리즘은 이미지 속에서 특이점을 발견해내도록 훈련이 돼 있습니다. 무엇을 찾고자 하는지 예시를 몇 개 입력하면 알고리즘이 몇 분 만에 의미 있는 정보를 끄집어 내줍니다. 인간보다 빠르고 효율적이지요."

농업엔 어떻게 접목되나요.

"이미지 데이터를 분석하면 현재 재배되고 있는 작물에 열매가 몇 개 열렸는지 셀 수 있습니다. 개별 작물의 성장 상태를 파악하는 것도 가능합니다. 이 정보를 통해 농부들이 어떤 구역의 작물을 먼저 수확해야 하는지 정하지요. 빅데이터·AI와 결합한 농업은 이미 스위스에선 4차 산업혁명의 '주인공'입니다."

29

스윙비 "호랑이 잡으려면 호랑이 굴에"…
韓 아닌 동남아서 창업

- 한국경제 배태웅 기자 2019.03.19.

이렇게 도전했다 (2) 한국만 고집할 이유 없다

인력관리 솔루션 하나로 동남아 4,500개 中企 사로잡은 스윙비

최서진 대표가 이끄는 스윙비는 해외 창업 성공사례로 자주 언급되는 기업이다. 스타트업(신생 벤처기업)은 진입 자체가 힘든 기업용 소프트웨어로 동남아시아 시장에 진출, 창업 3년 만에 4500개 이상의 기업을 고객으로 확보했기 때문이다.

이 회사는 특이한 점투성이다. 처음부터 한국이 아니라 동남아를 타깃으로 잡고 사업을 시작했다. 본사는 싱가포르에 두고 개발만 한국에서 한다. 한국에 본사, 현지에 연구개발(R&D) 조직을 두는 대기업들과 정반대 행보다.

최 대표는 "호랑이를 잡으려면 호랑이 굴에 들어가야 한다"며 "창업을 한국에서 해야 한다는 고정관념부터 깨야 한다"고 말했다.

고객사 17%가 유료 서비스 이용

스윙비는 동남아 지역 중소기업에 특화한 클라우드 기반의 HR(인사관리) 프로그램을 판매하고 있다. 건강보험 추천부터 근태관리, 급여계산, 세무까지 다양한 기능을 현지 노동법에 맞춰 제공하고 있다. 말레이시아와 싱가포르가 핵심 시장이다.

동남아 지역은 중소기업의 왕국이다. 중소기업 시장 점유율이 95%에 달한다. 중소기업 숫자를 따지면 7000만 개가 넘는다. 혁신적인 제품 및 서비스를 내놓는 기업들이 상당하지만 사내 전산 시스템 경쟁력은 형편없는 수준이다. 20년이 넘은 낡은 HR 소프트웨어를 사용하거나 수기로 일일이 급여를 계산하는 업체가 대부분이다. 오라클, SAP와 같은 글로벌 업체들의 제품은 비싼 가격 탓에 도입할 엄두를 내지 못하고 있다. 스윙비가 파고든 것이 이 지점이다.

스윙비의 소프트웨어는 직원 정보와 출퇴근 관리, 휴가 신청과 같은 기본 기능이 무료로 제공된다. 이것만으로도 연간 수천 달러의 비용을 아낄 수 있다. 고급 기능인 급여계산과 건강보험 추천은 유료로 제공한다. 무료 기능을 미끼로 유료 전환을 노리는 전략이다. 현재 스윙비 고객사들의 유료 상품 사용률은 17%선이다.

최 대표는 창업 전 안랩에서 동남아 지역 사업을 담당했다. 이 시장의 잠재력이 크다고 판단해 창업을 결심했다. 그가 제일 먼저 한 일은 동업자 물색이었다. 사업 파트너로 알고 지내던 토킷홍 텔레콤말레이시아 사업개발본부장을 삼고초려 끝에 공동창업자로 포섭했다. 현지 시장을 잘 아는 전문가가 영업을 총괄해야 한다고 본 것이다. 창업 후에도 현지 보험중개사 대표를 스카우트하는 등 본사 핵심 인력 대부분을 현지 사정을 잘 아는 인물들로 채웠다.

최 대표는 "스윙비의 성패는 타이밍에 달렸다고 판단했다"며 "한국에서 창업하고 투자를 받아 동남아에 진출하기엔 시간이 많지 않았다"고 설명했다.

철저한 현지화가 최 대표의 모토였지만 예외도 있다. 동남아 개발자 수준이 기대에 못 미친다고 판단, 개발자 조직을 한국에 따로 꾸렸다. 한국 개발자들의 실력은 업계 최고 수준이라는 게 최 대표의 설명이다.

스윙비는 동남아 중소기업의 간지러운 곳을 긁어주는 서비스로 빠르게 점유율을 확대했다. 2016년 10월 50여 개에 불과하던 고객사가 4500개까지 늘었다. 급격한 성장세에 힘입어 2017년 미국계 벤처캐피털(VC) 빅베이슨캐피털과 월든인터내셔널, 영국계 보험사 아비바로부터 160만 달러(약 18억 원)를 투자받기도 했다. 다음 달에도 추가 투자가 예정돼 있다.

세계를 무대로! 무대를 품 안에!

동남아 '거스토' 되는 게 목표

HR 소프트웨어 시장은 세계적으로 빠르게 성장하고 있다. 시장조사업체인 마켓애널리시스에 따르면 글로벌 HR 소프트웨어 시장은 2024년까지 92억 달러(약 10조4000억 원)에 이를 것으로 예상된다. 이 시장의 주도권은 대기업에서 스타트업으로 옮겨가고 있다. 미국 실리콘밸리에서도 거스토, 네임리 등이 '유니콘(기업가치 1조 원 이상 벤처기업)'급으로 성장했다.

스윙비의 목표는 동남아의 거스토다. 올해 대만에 법인을 설립하고 베트남, 필리핀, 인도네시아 등으로 사업을 확대할 방침이다. 핵심 사업은 빅데이터를 기반으로 한 보험중개업이다. 동남아 지역 기업들은 고용보험만 의무적으로 가입한다. 건강보험, 생명보험, 자동차보험 등은 기업이 각자 민간 기업을 통해 가입해야 한다. 스윙비는 지난해부터 고객사를 통해 얻은 급여, 인력 관련 데이터를 바탕으로 고용주에게 적합한 보험을 중개하고 있다.

연말부터는 중개에서 한발 나아가 직접 보험을 판매하는 게 목표다. 말레이시아와 싱가포르 정부에 '규제 샌드박스' 신청을 완료하고 관련 사업을 준비하고 있다. 최 대표는 "동남아 시장에서 HR과 보험중개를 완전히 통합할 예정"이라며 "인력도 현재의 두 배 수준인 60명 이상으로 늘리겠다"고 말했다.

30

취나물·곤드레·더덕, 산지 농가와 계약…
나물장사로 '매출 130억' 기업 키워내다

- 한국경제 FARM 홍선표 기자 2019.03.29.

고화순 하늘농가 대표

부모님 도라지 농사 어려워지자
급식 영양사들 설득해 거래 시작
이후엔 고향 농가 농산물까지 납품

나물 하나로 연 매출 130여억 원을 올리는 식자재 업체가 있다. 경기 남양주에 있는 하늘농가가 주인공이다. 전업주부였던 이 회사 대표 고화순 씨는 부업으로 나물 사업을 시작해 20년 만에 이 같은 성과를 일궜다. 회사 직원도 50여 명에 달한다. 남양주 진건읍 본사에서 고 대표를 만났다.

그는 "집에서 살림하면서 아이들을 잘 키우는 소박한 꿈을 갖고 있던 사람"이라고 자신을 소개했다. 그랬던 그가 사업과 인연을 맺게 된 것은 1990년대 후반 부모님이 재배하던 도라지를 좀 더 팔기 위해 납품 기관을 찾아 뛰어다닌 게 계기가 됐다. "마침 전업주부로 있다가 1990년대 중반 집안 사정이 좀 어려워지면서 학교 급식용으로 식자재를 납품하는 중견기업에 주부 사원으로 일하고 있었습니다. 집안 살림에 약간이나마 보탬이 되고자 구한 일자리였어요. 그런데 고향인 경북 울진에서 도라지 농사를 제법 크게 짓고 있던 부모님이 밀려드는 중국산 때문에 판매가 크게 줄었다고 하시더라고요."

고 대표는 알고 지내던 학교 급식 영양사들을 일일이 찾아다니며 부모님의 도라지를 소개했다. 품질을 인정받아 일부 학교에 도라지를 납품하게 된 것이 사업의 출발이었다. "처음엔 고향집에서 고속버스를 통해 보내준 도라지를 집에서 손질해 상자에 담아 넘기는 정도였어요. 사업이라고 말할 수도 없었죠."

도라지를 2년간 안정적으로 공급해온 그에게 새로운 주문이 들어오기 시작했다. 학교 급식용으로 도라지 이외 다른 채소도 구해줄 수 있느냐는 것이었다. 부모님 밭에서 나오는 채소뿐만 아니라 고향집 주변 농가의 농산물도 함께 모아 납품했다.

"농산물을 고향 마을에서 직접 구할 수 있는 덕분에 다른 식자재 업체들보다 판매가를 낮출 수 있었습니다. 이게 큰 힘이 됐죠. 회사를 세우고 1999년부터 본격적으로 식자재 사업을 확대했습니다."

사업 초기엔 자신보다 규모가 큰 식자재 업체를 통해 농산물을 납품하는 방식을 택했다. 아르바이트 주부 몇 명과 함께 회사를 운영하던 상황이어서 학교와 기업 구내식당에 대한 판로를 직접 뚫을 수는 없었기 때문이다. "사업 초기 효율적인 성장을 위해 다른 업체의 유통망을 빌린 겁니다."

고 대표는 "처음부터 나물과 채소 상품을 차별화하는 방법을 계속 고민했다"고 했다. 고민 끝에 내린 결론은 나물도 브랜드를 키워야 한다는 것이었다. 브랜드 인지도를 높이는 방법으로 차별화된 포장 방법과 디자인을 고안했다. 대형 식품업체들을 벤치마킹해 첨단 포장법을 도입하고 회사 브랜드가 잘 드러나도록 포장 용기를 디자인했다. "일부 채소는 플라스틱 용기에 담아 윗부분을 비닐로 덮었습니다. 대형마트에서 파는 팩 두부와 같은 방식이죠. 영세 업체가 대부분이던 1990년대 후반에서 2000년대 초반 단체 급식시장에선 남다른 시도였습니다."

브랜드가 높아지면서 하늘농가는 2004년 학교 등 주요 단체급식장 1차 납품 업체로 올라섰다. "단호박 하나를 납품하더라도 식당에서 이 단호박을 어디다 사용하는지를 물어보고 용도에 맞게 손질해서 보냈어요. 급식장의 일을 조금이라도 줄여줘야겠다는 생각을 했습니다. 또 급식장에서 갑자기 메뉴가 바뀌어 새로운 식재료를 주문할 때가 있어요. 이럴 때 바로 다음날 새벽에라도 요청한 식재료들을 꼭 가져다줬어요. 이랬던 게 회사가 자리를 잡는 데 큰 도움이 됐어요."

세계를 무대로! 무대를 품 안에!

고 대표는 지금까지 꾸준히 성장할 수 있었던 비결로 '농가와 직거래를 통해 가격 경쟁력을 확보한 점' '디자인 차별화를 통해 브랜드 인지도를 높인 점' '고객의 니즈를 파악해 세심하게 반영한 점' 세 가지를 꼽았다.

3년 전부터는 회사 안에 연구팀을 따로 설치했다. 단체 급식 이외 새로운 시장을 개척하기 위해선 새로운 상품이 필요하다는 판단에서다. 최근 수출용으로 컵 비빔밥을 개발해 프랑스 파리에서 열린 식품 박람회에서 선보이기도 했다. 나물 가공식품을 개발한 노하우를 살려 외국인들이 간편하게 먹을 수 있는 비빔밥을 개발했다는 설명이다.

31

'400억 대박' 27세 요가강사, 요가복의 샤넬과 맞짱 뜨다

- 한국경제 김기만 기자 2019.03.29.

신애련 안다르 대표

"예쁘고 편한 요가복 만들자"
월급 모은 2천만 원으로 창업
2030 女心 잡고 초고속 성장

지난 19일 요가복 브랜드 안다르는 5만 원짜리 후드티 3100장을 1원에 판매했다. 5분 만에 다 팔렸다. 사소한 불량 때문에 폐기하려던 제품을 소비자들의 요구로 판매했다. 이런 과감한 마케팅을 한 안다르는 20·30대 여성에게는 널리 알려져 있다.

신애련 대표는 "룰루레몬보다 못할 것 없는 요가복을 합리적인 가격에 팔고 있다"며 "매출도 뒤지지 않을 것"이라고 했다. 앳된 얼굴의 27세 여성 CEO는 '요가복업계의 샤넬' 룰루레몬도 두렵지 않다고 했다. 안다르는 작년 매출 400억 원을 넘겼다. 올해 목표는 700억 원.

신 대표는 몸매에 관심이 많았다. 대학도 미용과를 갔다. 스무 살 때 서울 강남에 있는 피부관리숍에 취직했다. 그는 "경기 고양시 집과 강남을 오가며 최저임금도 받지 못하고 일했지만 다양한 사람의 체형을 관찰할 수 있었다"고 했다. 다음 직업은 요가강사였다. 일을 하던 중 의문이 들었다. '요가복은 왜 다 불편하고 예쁘지 않을까?' 매출 400억 원 기업의 시작을 알리는 질문이었다.

룰루레몬은 값이 비싼 게 흠이었다. 그는 새로운 시장을 발견했다. 모아놓은 2000만 원으로 사업을 시작했다. 획일적인 기존 레깅스 제품에서 탈피해 다양한 패턴과 색상의 제품을 저렴한 가격에 선보였다. 필라테스 붐을 타고 매출은 매년 크게 뛰었다. 히트 상품인 '시리 레깅스'는 지난해 3월 출시 이후 500만 장 넘게 팔렸다.

20대 여성 CEO가 발견한 3조 원 애슬레저 시장

요가복 업체 안다르는 설립 3년 만에 매출 400억 원대 회사로 성장했다. 신애련 대표의 집요함과 발품, 감각적 마케팅이 중요한 역할을 했다.

신 대표는 '내가 입을 요가복을 만들어보자'는 생각으로 창업한 뒤 곧장 실행에 들어갔다. 우선 동대문시장을 돌아다니며 신축성 좋은 원단을 찾았다. 테라피스트로 일하며 다양한 사람의 체형을 관찰한 경험과 요가 강사를 하며 쌓은 해부학 지식을 기반으로 한국인 체형에 맞는 편안한 제품을 만들기 위해서였다. 원단을 찾은 다음은 제품을 만들어줄 공장을 물색했다. 서울 시내 봉제공장 수십 곳을 돌아다닌 끝에 한 곳을 찾았다. 60대 사장님이었다. 마침 아웃도어와 래시가드 시장이 침체하면서 봉제공장의 일손이 남는 때였다. 20대 사장의 패기에 봉제공장 사장은 계약금도 받지 않고 옷을 제조해줬다.

2015년 8월 첫 제품이 나왔다. 12가지 무늬와 12가지 색상으로 된 요가복이었다. 상의와 하의로 구분하면 48가지 제품을 선보인 셈이다. 회색, 검은색 일색인 요가복 시장에 23세 최고경영자(CEO)가 선보인 파격이었다. 제품을 내놓자마자 인터넷 검색으로 찾은 요가 관련 업체 5000여 곳에 전화를 돌렸다. 수도권 지역은 직접 돌아다니며 요가 강사들을 공략했다. 요가복이 요가학원에서 잘 팔리기 때문이다. 판매량은 빠른 속도로 늘었다.

신 대표는 "입소문이 나자 롯데백화점 등에서 먼저 연락이 와 백화점에서도 판매하기 시작했다"고 했다. 2016년 결혼한 신 대표는 신혼여행도 가지 않았다. 지난해 딸을 출산하고도 한 달도 쉬지 않고 복귀할 정도로 일에 몰두했다. 그에게 성공 비결을 묻자 "남들보다 꼼꼼하고 예민한 성격, 체형에 대한 관심 덕분에 좋은 제품을 내놓을 수 있었다"고 말했다. 신 대표는 시장의 성장성에 확신이 있었다. 아웃도어는 지고 '애슬레저'는 뜰 것이라고 믿었다. 예상은 현실이 됐다. 전문가들은 이 시장을 3조 원 수준으로 추정하고 있다.

디자인은 한국 여성 체형에 맞췄다. 신 대표는 "한국 여성들은 다리가 서양 여성에 비해 길지 않은 편이고 상체 크기도 다르다"며 "하의는 길지 않게, 상의는 꽉 쪼이지 않게 디자인한다"고 했다.

뛰어난 국내 봉제기술을 활용하는 것도 잊지 않았다. 안다르는 제품의 70% 이상을 국내에서 만든다. 물류비용, 관세 등 비용을 고려하면 국내에서 제조하는 것이 유리하다고 판단했다. 국내 봉제기술 수준은 중국 베트남 등보다 높다. 신 대표는 원단 개발과 디자인에 가장 신경을 쓴다. 그는 "신축성이 좋은 원단은 물이 잘 빠지거나 바느질이 힘든 것이 대부분"이라며 "이런 단점을 보완해 제작한 기능성 원단이 안다르 제품 경쟁력의 핵심"이라고 설명했다.

안다르는 20여 곳의 전국 주요 백화점과 쇼핑몰 등에 오프라인 매장을 운영하고 있다. 브랜드명 안다르(andar)는 스페인어로 '걷는다'는 의미다. 신 대표는 "뛰는 것보다 걷는 것이 더 일상적이라고 생각했다. 사람들의 일상에 스며드는 브랜드로 만들고 싶다"고 말했다.

32

[1등의 품격]
주부들 불편 딱 하나 바꿨을 뿐인데…
홈쇼핑 1시간 만에 1만2000개 '불티'

- 한국경제 노정동 한경닷컴 기자 2019.03.30.

2002년 모 홈쇼핑 방송에 그동안 한 번도 등장한 적이 없는 제품이 나왔다. 붕어빵 기계처럼 생긴 양면 프라이팬이었다. 생선을 구울 때 옷에 기름이 튀거나 화상을 입는 등 주부들의 불편함을 해소시킬 제품이라고 쇼호스트가 소개했다.

결과는 '대박'이었다. 방송 1시간 만에 1만2800개가 팔렸다. 1시간 안에 홈쇼핑 방송을 통해 가장 많이 팔린 제품으로 기네스북에도 올랐다. 2001년 45억 원에 불과했던 이 회사 매출은 방송 이듬해 450억 원으로 10배 뛰었다.

양면팬의 탄생은 2001년으로 거슬러 올라간다. 시골에서 올라와 남대문시장에서 주방잡화 장사를 하던 이현삼 전 해피콜 회장은 자신이 직접 주방 용품을 만들어 팔고 싶다는 생각에 1999년 '해피콜'이라는 회사를 세우고 2년간의 연구개발 끝에 2001년 '양면팬'을 세계 최초로 선보였다. 그동안 모아놓았던 돈 10억 원을 전부 쏟아부었다.

이 전 회장은 주부들이 생선을 구울 때 기름이 많이 튀어 손에 화상을 입거나 집안 가득 퍼지는 냄새 때문에 가정에서 생선 요리하기를 꺼린다는 점에 주목했다. 2001년 붕어빵 기계에서 아이디어를 얻어 위아래로 열고 닫으며, 뒤집어서도 쓸 수 있는 양면으로 된 프라이팬을 만들었다.

막히는 부분은 과감히 외부에 도움을 요청했다. 양면팬을 만드는 과정에서 미국 다우코닝사와 1년 동안 공동 연구를 하며 기름·국물·연기가 새어나가는 것을 막기 위한 장치로 팬 테두리에 특수 실리콘 압력 패킹을 고안해냈다.

1999년도에만 해도 국내 주방업계는 수입 브랜드가 휩쓸고 있었다. 국산은 팬 내부의 코팅이 벗겨지는 등 품질이 좋지 않다는 인식이 팽배했다. 국산 제품의 경쟁력은 오로지 저렴한 가격에만 있었다.

해피콜의 양면팬은 다른 국산 제품보다 3배 이상 비쌌지만 40~50대 주부들이 앞다퉈 찾았다. 고순도 소재와 최고 등급의 코팅 원료를 사용해 긁힘과 마모, 부식에 강하다고 입소문을 타는데 성공했기 때문이다.

그러다 위기가 찾아왔다. 양면팬이 불티나게 팔리자 이 전 회장은 개인 돈과 회삿돈을 구분하지 않고 투자해 외형을 키우는 데 집중했다. 이 과정에서 장부 관리가 제대로 되지 않았고, 일부 직원이 국세청에 고발하면서 회사가 빚더미에 올랐다. 2007년 공장과 건물을 모두 팔아 빚을 갚았다.

다시 빈손이 된 이 전 회장은 새로운 제품 개발에 몰두했다. 이번에는 '눌어붙지 않는 프라이팬'이 목표였다. 양면팬처럼 평소 요리를 하는 주부들의 모습을 자세히 관찰한 끝에 얻어낸 아이디어였다.

2008년 양면팬의 '대박 행진'을 이어갈 제품인 '다이아몬드 프라이팬'이 나왔다. 바닥을 두껍게 만들어 음식이 잘 타지 않게 하는 대신 옆면은 얇게 가공해 무게를 줄였다. 내부는 다이아몬드 나노입자로 코팅해 열전도율을 높이고 식재료가 눌어붙지 않게 만들었다. 부산대와 손잡고 코팅 약품도 공동 개발했다.

다이아몬드 프라이팬은 양면팬을 써 본 주부들이 먼저 나서 홍보를 자처했다. 다이아몬드 프라이팬도 일반 프라이팬보다 2배나 비쌌지만 현재까지 2000만 개 이상 판매됐다. 주부들이 '입소문'을 내준 덕분이라는 게 회사 측의 설명이다.

해피콜 관계자는 "'다이아몬드 프라이팬'은 코팅이 쉽게 벗겨지고 청소가 어렵다는 소비자들의 의견을 적극 반영해 나온 제품"이라며 "내면에는 다이아몬드 코팅기법이 적용돼 기름을 적게 사용해도 음식물이 잘 눌어붙지 않도록 제작돼 주부들의 호응이 좋았다"고 설명했다.

그동안 양면팬은 누적 판매량이 2000만 개를 넘었고, 2008년부터 2015년까지 주력 제품이었던 다이아몬드 프라이팬의 누적 매출액은 2500억 원에 달했다.

해피콜은 미국·중국·인도네시아·태국·대만에 현지법인을 두고 20개 나라로 제품을 수출한다. 생산은 모두 국내에서 한다. 품질관리를 위해 공장 한 곳에서 하나의 제품만을 만드는 '1공장 1제품 원칙'도 고수하고 있다.

해피콜은 '양면팬'과 '다이아몬드 프라이팬'을 이을 세 번째 히트 제품인 초고속 블렌더를 2015년 내놓고 소형 가전시장에도 진출했다. 이 회사 관계자는 "초고속 블렌더를 필두로 가전시장에서도 안착한다면 내년 매출이 현재의 2배로 늘어날 것"이라고 전망했다.

33

[한경과 맛있는 만남]
떡볶이 장사꾼이 IT기업가로…
석창규 웹케시그룹 회장

- 한국경제 배태웅 기자 2019.04.13.

실패 겪을 때마다 더 강해졌죠

올해부터 데이터 금융 시대 열려
20년 만에 찾아온 기회 꼭 잡겠다

급히 현금이 필요할 때 찾는 편의점의 현금자동입출금기(ATM). 공과금을 낼 때 이용하는 가상계좌. 이미 생활의 일부가 된 금융 서비스들이다. 이 서비스들을 살펴보면 공통점이 눈에 띈다. '핀테크(금융기술) 장인(匠人)' 석창규 회장(56)이 이끄는 웹케시의 손을 거쳤다는 점이다. 석 회장은 최고경영자(CEO)인 동시에 개발팀장이다. 프로그램 개발을 진두지휘해 '국내 최초' 타이틀을 얻은 금융 서비스만 10개가 넘는다. 업계에서 금융 환경이 어떻게 바뀔지 궁금하면 석 회장에게 물어야 한다는 얘기가 도는 이유다.

192 세계를 무대로! 무대를 품 안에!

지난 11일 저녁 서울 여의도에 있는 일식집 어도에서 그를 만났다. 석 회장은 "쉬고 싶을 때마다 들르는 단골집"이라며 방으로 이끌었다. 그는 "지난 1월 회사 상장을 마치고 이제 막 한숨 돌린 참"이라고 했다. 이곳을 택한 이유를 묻자 "편한 마음으로 손님을 맞이하고 싶어서"란 답이 돌아왔다.

떡볶이 팔던 소년가장

참치, 광어, 도미, 농어 등으로 구성된 회 세트와 삶은 게, 꼬막 등이 상을 가득 메웠다. 큼직하게 썬 광어 회 한 점과 무순을 입안에 넣자 감칠맛이 혀를 감쌌다. 석 회장은 "회에 소주가 없으면 안 된다"며 잔을 권했다. 건배를 마친 뒤 "싱싱한 해물이 꼭 고향인 부산에 온 기분이 들게 한다"며 어렸을 적 얘기를 시작했다.

석 회장은 1962년 부산에서 3남매 중 둘째이자 장남으로 태어났다. 호기심이 많은 소년이었다. 조그마한 문구 제조공장을 하던 아버지 때문인지 어떻게 물건을 만들고, 돈을 버는지에 유독 관심이 많았다.

그의 삶은 집안의 기둥인 아버지가 돌아가시면서 180도 바뀌었다. 막 대학에 입학했을 무렵의 일이었다. 교사 일을 하던 누나도 있었지만 기울어진 가계를 지탱하기엔 턱없이 모자랐다. 석 회장의 선택은 창업이었다. 아버지가 남긴 유산으로 집 한편을 가게로 개조해 떡볶이와 아이스크림을 팔았다.

"처음 6개월은 장사가 참 잘됐어요. 그때 돈으로 2000만 원 정도를 벌었으니까요. 하지만 반짝 인기였죠. 갈수록 손님이 줄었고 결국 가게 문을 닫아야 했어요. 주방기기들을 헐값에 넘기는데 얼마나 가슴이 아프던지…."

첫 사업이 실패한 뒤엔 아르바이트로 생계를 유지했다. 과외부터 레스토랑 아르바이트까지 닥치는 대로 일을 맡았다. 그는 "집안 장남 이란 무게감이 컸다"며 "돈돈 하다 보니 자연스럽게 학업과 거리가 멀 어졌다"고 털어놨다.

대학을 졸업하고 가까스로 잡은 직장은 부산 동남은행이었다. 그는 거기서 프로그래머로 일했다. 당시 동남은행은 전자금융의 선두주자 로 꼽히던 곳이었다. 온라인 은행업무 시스템을 국내에서 처음으로 도 입했다. 교통카드의 전신인 하나로 카드를 내놓은 것도 동남은행이었 다. 그가 동남은행과의 인연을 '행운'으로 기억하는 이유다.

"은행에서 일했던 1990년대만 해도 봉투에 현금을 담아 월급으로 지급하는 회사들이 대부분이었습니다. 월급날만 되면 돈 찾으러 온 회사 경리들로 북적였죠. 그 시절에도 동남은행은 온라인으로 은행 업 무를 처리했어요. 남들보다 한발 빨리 움직이는 회사에 있다 보니 자 연스럽게 기술에 눈을 뜨게 됐죠."

은행 생활의 변곡점은 외환 위기였다. 자금난에 시달리던 동남은행 이 주택은행(현 국민은행)에 팔리면서 동고동락했던 동료들이 뿔뿔이 흩어졌다. 그는 고민 끝에 사표를 던지고 창업전선으로 되돌아왔다. 퇴직금 1억 원과 부산대 창업지원센터의 23㎡짜리 사무실이 전부인

회사로 동남은행 시절 동료 8명을 모았다. 그렇게 만들어진 회사가 웹케시의 전신인 피플앤커뮤니티다.

석 회장은 은행 손님들이 불편하게 느끼는 점들을 하나씩 해결하는 것을 회사의 목표로 삼았다. 궁리 끝에 나온 첫 작품은 편의점 ATM이었다. 당시 ATM 가격은 대당 수천만 원. 막 문을 연 중소기업이 감당하기엔 벅찬 규모였다. 동남은행 시절 동료들의 투자금을 긁어모아 가까스로 사업자금을 마련했고 2000년 들어 서비스를 시작할 수 있었다.

출발은 좋았지만 생각보다 빨리 위기가 찾아왔다. 비즈니스 모델의 진입장벽이 높지 않다는 게 문제였다. 대기업들이 웹케시와 비슷한 서비스를 내놓고 물량 공세에 나서자 버틸 방법이 없었다. ATM과 함께 내놓은 가상계좌 서비스도 비슷한 상황이었다. 자금 사정이 나빠졌고 두 아이를 돌보던 아내까지 취업전선에 내몰렸다.

"특허 소송도 돈이 있어야 할 수 있어요. 아쉬워서 눈물이 났습니다. 여기서 주저앉을 수는 없다는 생각으로 이를 악물고 차기작을 개발했어요."

2004년 기업용 자금관리(CMS), 공공기관용 재정관리 서비스가 인기를 끌면서 웹케시는 한숨을 돌렸다. 은행 온라인 뱅킹 시스템통합(SI) 사업 등이 추가되면서 은행권에서는 알아주는 정보기술(IT) 기업으로 자리잡을 수 있었다.

SI 사업 과감히 정리

회가 바닥을 보이자 이번엔 우럭구이와 가자미식해, 충무김밥이 차례로 나왔다. 반쯤 말렸다 구운 우럭은 씹을 때 쫄깃함이 그만이었다. 석 회장은 "이 집은 가자미식해도 별미"라며 권했다. 새콤하면서 밥을 부르는 맛이 충무김밥과 궁합이 잘 맞았다.

술잔이 돌면서 대화 주제는 '초심'으로 옮겨갔다. 2012년 석 회장은 대표이사 업무를 내려놓고 잠시 휴식기를 가졌다. 사업으로 지친 심신을 정리하기 위해서였다.

자리를 비운 사이 사업들이 꼬이기 시작했다. 200억 원을 들인 업무관리 플랫폼 앱(응용프로그램)인 비즈플레이가 말썽이었다. 50종의 서비스가 중구난방으로 개발되면서 이용자들이 등을 돌렸다. 실적에도 빨간불이 들어왔다.

결국 석 회장이 직접 나섰다. 창업 초기처럼 개발코드를 직접 뒤졌다. 개발한 서비스 중 법인카드 관리 기능만 남기고 모두 없앴다. 소통 방식도 '팀장 스타일'로 바꿨다. 모바일 메신저로 개발진과 1 대 1로 소통하면서 세세한 부분들을 챙겼다.

"회사가 어려워지니까 개발자들이 하나씩 떠났어요. 경영진과 개발자들의 소통에 문제가 있었죠. 저는 프로그래머 출신이라 개발자들의 마음을 잘 압니다. 개발팀과 일일이 소주잔을 나누면서 회사의 문제점이 뭔지 들었습니다."

2017년 석 회장은 핀테크 솔루션 사업에 집중하려고 18년 동안 해오던 은행권 SI 사업을 과감히 정리했다. 매출에 매달리기보다 독창적인 사업에 전념하자는 생각에서였다. 920억 원에 달하던 웹케시 매출이 지난해 770억 원으로 줄었지만 오히려 잘된 일이라고 했다.

"드라마는 좋은 대사 하나만으로도 대박이 나죠. IT 사업도 마찬가집니다. 노동 집약적인 SI 사업으로는 드라마 '도깨비' 같은 명품이 안나옵니다. 매출이 줄어도 우리만의 명품이 있으면 그게 더 나아요."

캄보디아서 IT 인재 직접 길러

식사 메뉴로 알밥과 도다리쑥국이 나왔다. 도다리쑥국은 이 집의 봄철 한정 메뉴로 도다리에 향긋한 쑥을 넣어 담백한 맛을 낸다. 석회장은 도다리쑥국에 밥을 한 술 말아먹더니 캄보디아의 IT 인재 육성 이야기를 풀어나갔다.

석 회장과 캄보디아의 인연은 2012년으로 거슬러 올라간다. 우연히 찾은 캄보디아의 열악한 환경이 그의 눈을 사로잡았다. '이곳에서 물건을 파는 것은 힘들겠다'는 생각과 '똑똑한 캄보디아 친구들이 기회가 없어 농사나 짓고 있구나'라는 생각이 동시에 들었다. 석 회장은 시장보다 인재에 집중했다. 핵심 인재를 일찍 발굴하면 회사에 보탬이 될 것으로 판단했다. 웹케시가 2013년 프놈펜에 '코리아 소프트웨어 HRD(인재개발)센터'를 세우게 된 배경이다.

초기 반응은 신통찮았다. 첫 기수엔 100여 명만 응시했다. 정원(90명)을 가까스로 넘어서는 숫자였다. 석 회장을 비롯한 한국 기술진은 실망하지 않고 이들을 지극정성으로 지도했다. 소프트웨어 전문가 10여 명이 매일 8시간씩 꼬박 9개월을 교육했다. 소문이 나면서 교육과정 지원자들이 늘어났다. 2기 경쟁률이 5 대 1로 높아졌고 6기쯤 되니 10 대 1은 기본이 됐다.

왜 굳이 먼 캄보디아였느냐고 물었다. 그는 후식으로 나온 사과를 한 입 베어 물며 "개발자들의 잦은 이직 때문"이라고 했다.

"한국에서 일 좀 한다 싶은 개발자는 대기업이 번개처럼 낚아챕니다. 캄보디아에서 가르친 학생들은 우리가 직접 키웠으니 다른 기업으로 갈 염려가 없죠."

최근 석 회장이 몸담고 있는 전자금융 시장은 격변기를 맞고 있다. 클라우드, 빅데이터, 인공지능(AI) 기술이 본격적으로 확산되고 있다. 그는 올해를 "20년 만에 한 번 오는 기회"라고 강조했다. 20년 전 인터넷 금융이 퍼진 것처럼 '데이터 금융'이 다시 산업을 바꿀 것이란 논리였다. 그는 "공격적으로 사업을 확장해야 할 시기"라며 "내년엔 웹케시 계열사들을 추가로 상장해 핀테크 기업 집단을 구축할 것"이라고 말했다.

■ 웹케시는…
웹케시는 금융에 정보기술(IT) 서비스를 접목한 핀테크(금융기술) 솔

세계를 무대로! 무대를 품 안에!

루션으로 유명한 업체다. 1999년 부산대 창업지원센터에 모인 동남은행 전자금융센터 출신들이 의기투합해 회사(피플앤커뮤니티)를 차렸다. 사명이 웹케시로 바뀐 것은 2001년이다. '국내 최초' 타이틀을 많이 보유하고 있다. 편의점 현금자동입출금기(ATM), 기업용 가상계좌 등이 이 회사 작품이다.

'캐시카우'는 공공기관·대기업용 자금관리 서비스인 '인하우스뱅크'와 중소기업용 자금관리 서비스인 '브랜치'다. 인하우스뱅크를 쓰는 기업과 공공기관은 모두 425개에 달한다. 브랜치를 쓰는 고객사는 더 많다. 4900개 중소기업이 이 서비스를 이용하고 있다.

최근엔 법인카드 지출관리, 중소기업용 경리업무 시스템 등으로 사업영역을 확장했다. 지난 1월 코스닥시장에 상장했으며 계열사인 비즈플레이, 쿠콘 등의 기업 공개도 추진 중이다.

- **■ 석창규 회장 약력**
- ◆ 1962년 출생
- ◆ 1988년 부산대 전산통계학과 졸업
- ◆ 1988~1999년 동남은행 전자금융센터 컨설팅·프로젝트 매니저
- ◆ 1999~2001년 피플앤커뮤니티 대표
- ◆ 2001~2016년 웹케시 대표
- ◆ 2013년 2월~ 한국 소프트웨어산업 협회 부회장
- ◆ 2014년 3월~ 웹케시벡터 대표
- ◆ 2015~2017년 소프트웨어공제조합 이사장
- ◆ 2016년 1월~ 비즈플레이 대표

4장

세계를 무대로!

무대를 품 안에!

1

23세 여대생,
이탈리아 김 시장을 중국서 빼앗다

- 조선일보 최종석 기자 2017.12.25.

대학생 청년개척단, 우리 식품 들고 해외시장 개척 맹활약

이탈리아 일식당·마트 돌며 비싸지만 질 좋은 한국 김 소개

인도에 김치 수출 물꼬 트고 현지 유통회사에 취직되기도

"반도체시장은 포화 상태지만 우리 먹거리 팔 곳은 널렸다"

충남 보령의 중소기업 대천맛김은 지난 10월 이탈리아에 두툼한 초밥용 김 2만5000달러어치를 처음 수출했다. 추가 주문이 밀려와 다음 달에는 9만 달러어치를 실어 보낼 예정이다. 이 김은 로마와 밀라노의 일식당 300여 곳에 깔린다. 그동안 국내 업체가 이탈리아 교민 시장에 조미김을 판 적은 있지만 현지 식재료 업체를 발굴해 초밥용 김을 수출한 것은 처음이다.

대천맛김을 파는 유통업체 와이비엠씨엠씨의 유법목(54) 대표는 "교민 시장을 놓고 한국 업체들끼리 제 살 깎아 먹기를 한 게 아니라 중국산 김이 장악한 초밥 시장을 빼앗아 온 것"이라며 "초밥용 김은 같은 무게를 수출했을 때 조미김보다 매출이 5배는 된다"고 말했다.

그는 "값싼 중국산 김을 쓰던 이탈리아 일식당들이 품질 좋고 한·EU FTA(자유무역협정) 덕에 값도 떨어진 우리 김을 계속 쓰겠다고 한다"며 "이탈리아에 이런 시장이 있는지 몰랐는데 기적 같은 일이 벌어졌다"고 했다.

이탈리아의 현지 유통업체를 뚫은 것은 전문 세일즈맨이 아니라 대학생 신인화(23·한국외국어대 이탈리아어통번역학) 씨였다. 식품 상품기획자(MD)를 꿈꾸는 신 씨는 지난 5월 한국농수산식품유통공사(aT)의 농수산식품 청년 해외 개척단 '아프로(AFLO·Agrifood Frontier Leader Organization)'에 선발되면서 이탈리아 땅을 밟았다.

젊으니까 '해외 맨땅에 헤딩'

해외 시장 개척은 '맨땅에 헤딩' 같았다. 신인화 씨는 "음식에 대한 자존심이 강한 이탈리아인들은 한국 음식은 맛보려고도 안 했다"며 "커피믹스를 선물로 주면 '커피는 에스프레소지' 하면서 버리는 사람도 있었다"고 했다. 어떤 현지 업체는 "제품 포장지에 김 대신 일본어로 '노리(김)'라고 써 오면 팔아주겠다"고 면박을 주기도 했지만 절망 대신 오기가 생겼다.

그는 현지 일식당과 대형마트를 찾아다니다 식재료 유통업체로 거슬러 올라갔다. 수출 계약을 성사시킨 로마 식재료 업체와는 "질 좋은 한국 김을 소개하고 싶다"는 전화 한 통으로 시작했다. 그 후 메일 30통을 보내고 세 번 찾아간 끝에 마음을 얻었다.

中 사드 보복이 전화위복

농림축산식품부와 농수산식품유통공사는 올해 청년 개척단을 만들어 세계 14개국에 60명을 보냈다. 14개국은 이탈리아, 인도, 브라질, 남아프리카공화국, 카자흐스탄 등 아직 우리나라가 뚫지 못한 미개척지다.

농수산식품 수출을 담당하는 공사 입장에선 중국, 일본, 미국 등에 편중된 시장을 다변화하기 위해 보낸 일종의 선발대다. 시장다변화 TF팀 서권재 과장은 당시 상황을 이렇게 회상했다. "중국 시장에 올인하다시피 해왔는데 사드(고고도 미사일 방어체계) 보복 한 방에 휘청거렸습니다. 활로를 만들어야 했습니다."

해외 시장 개척에 관심이 있는 대학생들을 뽑아 수출을 원하는 중소기업과 1대1로 짝을 지었다. 한 달간 공사와 수출 중소기업에서 정직원처럼 영업 교육도 시켰다. 외국어에 능통한 청년들은 신 씨처럼 수출 기업을 도와 시장 조사를 하고 거래처를 발굴했다.

한승재 씨(25·홍익대 불문학)와 최별이(22·충남대 생물과학) 씨 등은 축구선수 이승우가 뛰고 있는 이탈리아 세리에 A리그의 헬라스 베로나 FC 구단과 한국 음식 시식 행사를 성사시켰다. 축구팬인 한 씨는

이승우가 뛰고 있는 이탈리아 프로축구단에 잡채·불고기 대접. 지난 11월 이탈리아 베로나에서 열린 한식 파티 행사장에서 축구선수 이승우가 뛰고 있는 헬라스 베로나FC 구단 선수들이 잡채와 불고기 등을 맛보고 있다. 한국농수산식품유통공사

세계를 무대로! 무대를 품 안에!

"이탈리아 사람들이 축구를 좋아하는 점을 노려 축구단에 메일을 보냈다"며 "축구단을 끼니 현지 최대 일간지를 포함해 10곳이 넘는 매체에 한식 기사가 나갔다"고 했다.

청년은 취업 성공, 중소기업은 수출 성공

해외 시장 개척 경험은 청년들 생각도 바꿨다. 취업에 성공한 사례도 나왔다. 지난 5월 인도에 파견돼 김치 수출에 기여한 대학생 김보고(26, 성균관대 정치외교학) 씨는 8월부터 인도 남부 첸나이의 현지 식품 유통회사에서 인턴으로 일하고 있다. 그를 눈여겨본 현지 업체가 스카우트한 것이다. 그는 "인도에 오기 전에는 취업 걱정 때문에 불안했는데 이제는 두려움이 사라졌다"며 "최고의 식품 무역 전문가가 되겠다"고 했다.

파스타의 나라 이탈리아에 쌀국수와 쌀떡 수출 길을 연 김선경(24) 씨는 올해 농수산식품유통공사 직원으로 뽑혔다. 그는 "수출 상품 하면 휴대폰이나 반도체만 생각했는데 우리 쌀떡이 팔릴 줄은 몰랐다"며 "반도체 시장은 포화 상태지만 여긴 열정만 있으면 깃발 꽂을 땅도 널렸다"고 했다.

남아프리카공화국의 유명 요리학원에 해초, 된장, 고추장 등 한국산 식재료를 활용한 요리반을 개설한 김민진(24·이화여대 정치외교학) 씨는 "세계 경제를 보는 눈이 더 넓어졌다"며 대학원에 진학해 경제학을 공부할 계획이다.

내수 경쟁에 지친 중소기업들은 청년들 덕분에 새 먹거리를 찾았다며 환호성을 지르고 있다. 대천맛김은 내년에 전남 목포에 초밥용 김 전용 공장을 세우고 직원도 더 뽑을 계획이다.

황은정(24·오뚜기 취업) 씨와 함께 남아공에 전지분유와 율무차 수출 길을 연 희창유업의 김성식 대리는 "청년의 국제 감각과 열정, 우리 회사의 제품력이 결합하니 석 달 만에 거래처를 찾을 수 있었다"며 "남아공을 전진기지 삼아 아프리카 시장을 공략할 것"이라고 했다.

세계를 무대로! 무대를 품 안에!

2

그녀의 손… 세계 정상 오페라단을 움직이다

- 조선일보 김경은 기자 2018.01.02.

[2018 세계 무대를 누빈다]

유럽 이어 美 진출, 지휘자 김은선… 취리히·빈 국립오페라 데뷔 앞둬

"名지휘자 되겠단 욕심보다 '나와 연주하면 즐겁다'는 말 좋아"

지난해 10월 20일 미국 텍사스 주 휴스턴의 조지 브라운 컨벤션 센터. 지휘자 김은선(38, 사진)이 시즌 첫 공연인 베르디 오페라 '라 트라비아타' 무대에 올랐다. 두 달 전 허리케인 '하비' 피해로 역대 최악의 물난리가 난 휴스턴은 오페라극장과 콘서트홀까지 물에 잠겼다.

독일 베를린 콘체르트하우스 오케스트라를 지휘하는 김은선. 2018년을 목전에 둔 지난 29일 서울 광화문에서 만남. 그는 "사람들에게 순간의 예술인 음악을 맘껏 즐기게 해주고 싶다"며 활짝 웃었다. 김은선 홈페이지

끝내 컨벤션 센터로 자리를 옮겨 공연을 연 상황. 전시장을 오페라 무대로 꾸미느라 가변형 객석을 급히 짜 맞춰 오케스트라 공간을 만들 수도, 음향판을 달 수도 없었다. 오케스트라는 무대 뒤 좁은 공간에 겨우 비집고 들어갔고, 김은선은 공연 내내 가수들을 등지고 지휘했다. 그러나 공연은 대성공이었다. 뉴욕타임스는 "이날의 진짜 '스타'는 북미 무대에 처음 선 한국 출신 젊은 지휘자 김은선이었다"며 "섬세하고 유연한 감각으로 '라 트라비아타'를 아주 아름답게 이끌었다"고 호평했다.

독일과 영국, 이탈리아에 이어 최근 미국 무대까지 섭렵하며 눈부신 활약을 펼쳐온 김은선에게 2018년은 세계를 지휘하기 위한 도약으로 가득 차 있다. 휴스턴 공연 이후 지난 연말까지 독일 드레스덴 젬퍼 오페라에서 '리골레토', 뮌헨 바이에른 국립오페라에서 '헨젤과 그레텔'의 지휘봉을 연달아 잡았고, 오는 12일부턴 베를린 국립오페라에서 '낙소스섬의 아리아드네'를 지휘한다.

베를린에선 오는 10월 '일 트로바토레' 지휘를 다시 요청받았고, 7월엔 '카르멘'으로 취리히 오페라에 데뷔한다. 세계 정상급 오페라단을 운이 좋아 한 번 지휘할 순 있어도 거듭 연주 요청을 받는 건 하늘의 별 따기만큼 어렵다.

지난 29일 서울 광화문에서 만난 김은선은 "휴스턴에선 미국 데뷔인데 공연장이 엉망이니 취소해도 양해해 주겠다고 했지만 내가 가겠다고 했다. 자연재해로 모두가 어려운데, 나 살겠다고 안 할 순 없었다"며 웃었다. 마침 그녀가 마지막 공연을 지휘할 때 '한 시즌 100패'를 밥 먹듯 했던 휴스턴 애스트로스가 메이저리그 정상에 올랐다. "집 잃은 시민들이 전시장이라도 빌려서 오페라를 해주는 걸 고마워했어요. 음악이 사람들에게 위로와 희망이 되고, 폐허가 된 도시를 되살려내는 걸 몸소 느꼈죠."

연세대 작곡과와 같은 대학원 지휘과를 졸업한 김은선은 독일 슈투트가르트 음대에 재학 중이던 2008년 5월 스페인 지휘자 헤수스 로페즈 코보스가 주최하는 오페라 지휘 콩쿠르에서 우승하며 국제무대에 이름을 알렸다. 하루 네 시간 자며 영어·독일어·스페인어·이탈리아어·프랑스어를 터득한 독종이다.

지금은 내년 5월 미 샌프란시스코 오페라에서 지휘할 드보르자크 '루살카'를 대비해 체코어를 익히고 있다. "그 나라 음악을 이해하려면 그 나라 말을 먼저 알아야 해요. 그래야 선율이 몸에 달라붙죠." 아침에 눈뜨면 5개국 신문을 탐독하고, 온종일 라디오를 듣는다.

"억양과 말씨까지 원어민처럼 구사해야 마음이 놓여요. 저는 세계 최고 악단을 지휘하고 싶은 욕심도, 카라얀 같은 명(名)지휘자가 되겠다는 목표도 없어요. 같이 연주한 음악가들 사이에서 '은선 킴과 함께하면 즐겁고 신나'란 말을 듣고 싶을 뿐. 하지만 A부터 Z까지 완벽을 기해서 첫 리허설에 임해야 단원들을 납득시킬 수 있어요."

콧대 높은 남성 단원들을 이끄는 그만의 비결은 '헌신'이다. "막힐 때마다 제가 SOS를 치는 지휘자 다니엘 바렌보임과 키릴 페트렌코의 공통점은 끊임없이 공부한다는 거예요. 뒷모습을 멋지게 꾸며내지도 않죠. 여자인 것도 저는 스트레스인 적이 없어요. 음악만 하기에도 24시간 빠듯하니까. 그래도 어느 순간 슬럼프를 느낄 때면? 다시 또 악보를 펼쳐요. 봤던 걸 또 봐도 안 보였던 게 새로 보이거든요."

○

3

김연경 얕보던 中언론 "월드 스타" 연일 극찬

- 조선일보 정병선 기자 2018.03.29.

"상하이 선전은 김연경 덕분"

"김연경〈사진〉과 같은 월드 클래스 수퍼 스타를 배워야 한다. 김연경에 의해 중국 리그가 좌우되는 것이 부끄러울 수 있지만, 분명히 중국 선수들에게 긍정적인 의미가 될 것이다."

중국이 세계 최정상급 배구 스타인 김연경을 극찬했다. 27일 김연경이 속한 상하이는 중국 여자 배구 수퍼리그 챔피언 결정전(7전4선승제) 5차전(톈진인민체육관)에서 홈팀 톈진을 3대0으로 눌러 3승2패로 챔피언 등극까지 단 1승을 남겼다. 김연경은 5차전에서 양팀 최다인 22득점 했다. 공격 성공률도 무려 62.1%에 달했다.

중국 스포츠 전문 매체 시나스포츠는 "60%대 공격 성공률은 중국 여자 대표팀 감독이 인정하는 월드 클래스 공격수의 기준"이라며 칭찬을 아끼지 않으면서 "김연경의 공격 강약 조절 능력과 카리스마 넘치는 리더십은 중국 최고 선수 주팅도 갖지 못한 부분"이라고 했다.

시나스포츠는 "챔프전에서 상하이가 확실한 우위를 점할 수 있는 것은 김연경의 존재감이며, 비록 중국 여자 배구 리그가 한국인 한 명에게 정복당했다는 것을 인정하고 싶지 않지만, 지금 주팅(터키리그)은 중국에 없다는 것을 알아야 한다"고 지적했다.

김연경이 처음 상하이에 입단했을 때 중국 내부엔 반대 여론이 들끓었다. 사드 보복이 심했던 민감한 시기였고, '세계 챔피언인 중국 여자 배구에서 외국 선수들이 할 수 있는 게 뭐 있나'라는 비판 여론마저 일었다고 한다. 하지만 김연경은 압도적인 공격력과 카리스마로 경기를 지배하면서 이런 부정적 여론을 잠재웠다.

김연경이 중국 리그에서 우승하면 한국(흥국생명), 일본(JT마블러스), 터키(페네르바체)에 이어 4개 리그 우승이라는 진기록을 세운다.

경쟁률 10대1… 프랑스 고3, 한국학과 몰린다

- 조선일보 파리 손진석 특파원 2018.04.09.

파리7대학·국립동양어대학 등 韓流 인기에 지원자 1000명 넘어
"한국 음식·영화에 매료됐어요"

佛, 파리7대학 정원 30% 늘리고
엑상프로방스大·보르도大에도 올 9월부터 한국학과 신설키로

지난달 21일(현지 시각) 파리7대학의 한 강의실. 한국어 회화 수업을 듣는 이 대학 한국학과 학생 20명이 옆자리 짝꿍과 취미를 한국어로 서로 묻고 있었다. 1학년생 일리아나(19)는 "'타짜' '달콤한 인생' 같은 한국 영화에 매료돼 한국학과에 들어

"한국학과 들어온 우린 행운아… 한국어 재밌어요" – 지난달 21일 프랑스 파리7대학 학생들이 한국어 회화 수업에서 한국어로 대화를 나누고 있다. 손진석 특파원

왔다"며 "저는 10대1의 경쟁을 뚫고 들어온 행운아"라고 했다.

프랑스 대학의 한국학과에 지원하는 학생이 급증하고 있다. 파리에서 한국학과를 설치한 파리7대학과 국립동양어대학(INALCO)의 지원자가 모두 각 1000명을 넘어섰다.

작년 9월 입학한 1학년생들의 경우 파리7대학(정원 약 100명) 지원자가 1056명, 국립동양어대학(정원 약 150명)이 1014명이었다. 올해 9월에 입학하는 현재 고3들의 경쟁은 더 치열하다.

최근 고3들의 대학 지원 마감 결과, 파리7대학은 1412명, 국립동양어대학에는 1360명이 몰렸다. 두 대학 관계자들은 "2016년 이전까지 지원자가 800명에 못 미쳤다는 것을 감안하면 최근 한국학과 인기는 놀라울 정도"라고 했다.

프랑스에 한국학과가 설치된 곳은 파리의 두 곳을 포함해 지방의 리옹3대학, 라로셸대학까지 모두 4곳이다. 올해 1학년생의 경우 리옹3대학은 667명, 라로셸대학은 493명이 지원했다. 경쟁률이 10대1 수준이다.

한국학과 인기는 한류(韓流)가 이끈다. 파리7대학 1학년생 파니(22)는 "한국 음식과 K팝(케이팝)에 매료돼 뒤늦게 한국학과에 왔다"며 "공부가 어렵지만 재밌다"고 했다.

사라 니오 쿠이발리(24)는 "한국에서 프랑스어 교사로 일하면서 한국에서 살 수 있는 방법을 생각 중"이라고 했다. 마리 리베 라장 파리 7대학 교수는 "한국에 대한 관심은 높아지는 데 반해 한국을 제대로 배울 수 있는 곳은 제한돼 있어서 지원자가 늘어난다"고 했다.

지원자가 넘쳐나자 프랑스 교육부도 발 빠르게 움직이고 있다. 올해 9월 신입생부터 파리7대학 한국학과 정원을 130명으로 30명쯤 늘리기로 했다. 교수 정원도 6명에서 8명으로 늘렸다. 김진옥 파리7대학 교수는 "예전에는 교수 한 명 늘리는 데 5~6년씩 걸렸는데, 한꺼번에 2명을 뽑으라고 하니 격세지감"이라고 했다.

프랑스 교육부는 오는 9월부터 엑상프로방스대와 보르도대학에도 한국학과를 신설한다. 한국학과를 둔 대학이 6곳으로 늘어나는 것이다. 김대열 국립동양어대학 교수는 "오랫동안 일본학과 안의 한국어 과정이었다가 2016년 정식 한국학과로 출범한 뒤 높은 인기를 보여주고 있다"며 "한국에 대한 유럽의 관심이 커지고 있다는 것"이라고 했다.

5

"한국 고맙습니다"
세네갈 참치회사 살린 동원

- 조선일보 다카르(세네갈) 조귀동 기자 2018.05.21.

아프리카 서북부 대서양 연안에 위치한 세네갈의 수도 다카르는 항구 도시다. 분주히 오가는 어선들 사이로 드러난 다카르항(港) 10번 부두. ㄷ자 형태로 꺾인 부두의 한 면을 통째로 차지한 주황색 단층 건물

세네갈 다카르항에 위치한 동원그룹의 참치 가공 자회사 스카사. 동원은 지난 2011년 11월 세네갈 정부로부터 스카사를 인수했다. 조귀동 기자

이 눈에 들어왔다. 동원그룹이 지난 2011년 인수한 세네갈 참치 가공회사 '스카사(S.C.A SA)'다.

지난 7일(현지시간) 방문한 스카사 공장 안에선 흰색 작업복을 입고 위생모를 쓴 여성들이 4명씩 한 조를 이뤄 참치 살을 발라내고 있었다. 그들은 칼을 쥐고 손을 바쁘게 움직이면서도 낯선 동양인을 보고 활짝 웃는다. 이종오 스카사 대표가 스무살 전후 직원 한 명을 소개하면서 "작년에 시골에서 상경해 입사한 직원"이라며 "삶은 참치에서 살

을 발라내는 스키닝(skinning) 공정에서 가장 생산성이 높은 직원"이라고 말했다. 공장 출입구에는 각 직원의 일별, 주별 실적이 0.1kg 단위로 적혀 있었다.

여기서 발라낸 참치살은 그 다음 공정으로 보내져 해바라기씨유나 허브·마늘 소스 등과 함께 비닐팩(파우치)에 담긴다. 녹색 작업복을 입고 위생모를 쓰거나 하늘색 티셔츠를 입은 직원들이 빼곡히 들어차 파우치 작업을 하고 있었다. 이 대표는 "테두리에 불순물이 없게 참치와 소스를 깔끔하게 집어넣는 공정을 기계화하기 어려워 사람 손에 의존해야 한다"며 "실수가 없으면서도 정확하고 빠르게 하는 게 관건"이라고 설명했다.

스카사의 주력 분야는 동원의 미국 자회사 스타키스트의 참치 파우치 제품을 주문자상표부착(OEM) 방식으로 생산하는 것이다. 원래 참치캔을 주로 생산했으나 전 세계적인 공급 과잉으로 가격 경쟁이 치열해지자 부가가치가 높은 참치 파우치 위주로 공정을 바꿨다.

참치 파우치는 캔 형태 제품과 달리 소스를 넣는다든지 다양한 형태로 추가로 가공할 수 있다. 소비 시장도 미국, 유럽 등 선진국이다. 스카사의 파우치 제품은 75g(그램) 정도로 작게 포장된 것으로 미국 시장용이다.

스카사는 지난 1분기에 매출 860만 유로(110억 원), 영업이익 80만 유로(10억 원)의 실적을 거뒀다. 2011년 11월 인수 이후 첫 흑자 전환이다. 올해 예상 매출은 4360만 유로 (560억 원)로 지난해(1180만 유로)의 4 배 수준이다. 주문이 밀리면서 현재 600명인 직원을 연말까지 1000명 수준으로 대폭 늘릴 계획이다. 세네 갈 기업으로는 드물게 2교대 방식으로 야간작업도 도입했다.

스카사 공장 내에서 직원들이 참치에서 순살을 발라내고 있다. 조귀동 기자

철저한 성과 경영에 직원들이 변했다

스카사는 2016년 상반기까지만 해도 동원그룹 내에서 골칫거리였 다. 동원은 2011년 세네갈 정부로부터 국영 참치캔 회사 스카사의 지 분 60%를 인수했다. 유럽 시장 판매를 염두에 두고 코트디부아르, 가 나 등 아프리카 지역 참치 가공 공장 인수를 검토하다가 세네갈 정부 의 적극적인 구애를 받고 스카사 인수를 결정했다. 2013년 10월에는 2600만 유로 을 투자해 대규모 공장도 지었다. 동원그룹 고위 관계자 는 "세계 1위 참치 시장인 유럽 진출을 위해서는 아프리카에 공장을 세울 필요가 있다고 김재철 회장이 판단한 것"이라고 설명했다. 이에 앞서 동원은 2008년 미국 참치회사 스타키스트를 인수하면서 미국령 사모아와 에콰도르 공장을 운영하기 시작했다. 신흥국 공장 운영에는 나름 자신감을 갖고 있었던 셈이다.

하지만 세네갈 공장은 에콰도르 공장과 달리 부진을 면치 못했다. 세네갈은 사회주의 성향이 강했다. 강성 노조는 급여 인상 등을 끊임

세계를 무대로! 무대를 품 안에!

없이 요구했다. 그렇다고 생산성이 높은 것도 아니었다. 2015년까지만 해도 스카사의 생산성은 한국의 24%, 에콰도르의 44%에 불과했다. 스카사 파견 동원 직원은 "참치 가공 품질이 낮아 바이어들이 떠나가고, 매출이 줄면서 공장 운영이 더 어려워지는 악순환이 이어졌다"고 당시를 회고했다. 그는 "정시출근이 지켜지지 않고 무단결근도 빈번했다. 직원들의 근태가 엉망인 상황에서 품질을 끌어올릴 수 없던 상황이었다"고 했다. 급기야 동원그룹은 2016년 여름 세네갈 철수까지 검토하기에 이르렀다.

동원그룹은 고심 끝에 세네갈 사업을 재정비하기로 했다. 이를 위해 2016년 스카사 공장의 문을 6개월 정도 닫고 공정, 품질 관리, 노사 관계 등을 원점에서 다시 구축했다. 동원 창원 공장뿐 아니라 미국 스타키스트의 전문가들을 파견해 공정 및 품질 관리 개선에 나섰다. 그해 8월에는 이종오 전 삼성전자 동아프리카 지사장을 대표로 영입했다. 이 대표는 1996년 지역전문가 연수를 통해 아프리카와 인연을 맺은 뒤 12년가량 이 지역에서 근무한 아프리카 전문가다.

부문별 최고참 '시니어 위원회' 에 권한 위임
동원은 스카사 직원들의 실적을 계량화하고 우수 직원을 '상급 노동자'로 지정해 별도 인센티브(수당)를 지급하는 방식으로 경영 방침을 바꿨다. 실적이 뛰어난 근로자의 급여는 평균의 2배를 넘어섰다.

관건은 업무 평가가 공정하게 이뤄진다는 '신뢰'를 확보할 수 있느냐였다. 이 대표는 "예전에는 최선임 관리자 역할을 맡는 한국인 주재원 밑에 현지인 총괄 관리자가 있고, 그 아래 관리자와 감독자가 있는 4단계 구조였다"며 "부문별로 실무 관리자와 감독자만 남기고 윗선을 없애 현지인 실무자들이 곧바로 대표에게 보고할 수 있도록 했다"고 말했다. 조직 구조를 단순화해 일선 직원이 자신의 의사를 경영진에 쉽게 전달할 수 있는 소통구조를 만들었다. 한국인 주재원은 2선으로 물러나 코치 역할에 집중했다.

또 주요 부문 최선임 직원들로 '시니어 위원회'를 구성해 자체적으로 공장 내 현안을 논의하고 의사결정을 내릴 수 있게 했다. 회사는 시니어위원회에 매출, 생산량, 원가, 영업이익 등 주요 경영 현안을 모두 공개했다. 근로자들의 신뢰를 얻기 위한 조치였다. 이 대표는 "시니어위원회를 통해 근로자들이 자체적으로 공동의 목표를 정하고, 스스로 동기부여할 수 있도록 하자는 의도였다"고 말했다.

동원은 구조조정을 포함해 노사 간 이견이 큰 현안을 모은 뒤 스카사 시니어위원회에서 직접 해결책을 만들도록 했다. 노조위원장이면서 전기·설비 담당 선임 직원으로 이 위원회에 참여하고 있는 카베 가예 씨는 "사측과 직접 의사소통하면서 직원들의 의견을 반영할 수 있다는 게 시니어위원회의 강점"이라며 "가령 이슬람과 기독교 휴일 중 어떤 날 출근해야 할지 정하는 문제 같이 근로자들에게 민감한 이슈를 직원들이 직접 논의 안건으로 정하고 있다"고 말했다.

세계를 무대로! 무대를 품 안에!

세네갈 사람들의 마음을 얻기 위해 동원 주재원들도 발로 뛰었다. 동원은 하나의 가족이라는 인식을 심어주기 위해 '원(ONE) 스카사' 활동을 전개했다. 주재원들은 2인 1조로 현지 직원들의 경조사를 챙겼다 2015년 스카사에 파견된 하인주 부장은 "지난주에는 자동차로 3시간 정도 걸리는 곳으로 조문을 갔는데 전기가 들어오지 않은 지역이라 밤에 애를 먹었다"며 "시골에서 상경한 직원들이 많아 차를 몰고 내륙 깊숙한 곳으로 들어가는 게 일상"이라고 말했다. 사내 축구 동아리를 만들고 토너먼트 대회를 열어 현지 직원들과 함께 뛰면서 스킨십도 나눴다. 여직원들을 위해 구내식당에서 스트레스 해소를 위한 파티도 열었다.

직원 복지도 개선했다. 100세파프랑(195원)이란 상징적인 가격만 받고 조식과 중식을 제공하고 출퇴근 셔틀버스를 운행하고 있다. 두 가지 모두 세네갈에서 최초로 도입된 직원 복지다. 공장 직원 대부분은 임대료가 비싼 다카르 대신 몇 십분 떨어진 교외에 산다. 대중교통이 부족해 출퇴근이 불편하다는 것을 감안한 조치였다.

"적자 경영에도 지원 계속해준 김재철 회장께 감사"

이러한 노력을 기울인 결과, 생산성이 대폭 개선됐다. 1인당 순살(로인·Loin) 처리량이 시간당 24kg에서 시간당 40kg으로 늘었다. 동원 관계자는 "지금은 에콰도르 공장의 80% 수준이지만 추가적인 생산성 개선이 이뤄지면 조만간 그 이상 수준까지 올라갈 것"이라고 설명했다. 이직률은 불가피한 사정으로 그만두는 사람을 제외하면 사실상

'제로(0)'에 가깝다. 직원들이 고향에서 친구나 친척들을 데려오는 경우도 늘고 있다.

포장 공정 선임 직원인 바시로우 디에예 씨는 "스카사는 세네갈에서 손꼽힐 정도로 직원 처우가 좋은 곳으로 인정받고 있다"고 강조했다. 디에예 씨는 "지난 몇 년간 적자가 계속돼 회사 운영이 어려웠는데도 철수하지 않고 회사 실적을 흑자로 바꾼 동원 측의 노력을 직원들도 인정하고 있다"고 전했다. 생산 분야에서 일하는 모다 라이 씨는 "몇 해전 김재철 회장이 공장을 방문했을 때 각 공정을 하나하나 살피는 모습이 인상 깊었다"며 "이후에도 현지 직원들과 편지를 주고받으면서 신경을 써주어 감사하다"고 말했다.

세네갈 정부에서도 스카사는 '동원 프로젝트'로 불리는 주요 현안 가운데 하나다. 대형 제조업체가 많지 않은 상황에서 단순 어업에서 한 발 나아가 수산물 가공 분야를 발전시키는 주요한 모델로 보고 있다. 지난 2015년 마키 살 세네갈 대통령이 한국을 방문했을 때 김재철 회장을 따로 만나기도 했다. 우마르 가예 세네갈 해양수산부 장관은 "어업은 세네갈에서 60만 명이 일하는 주력 산업"이라며 "스카사는 어업의 고부가가치화를 선도하는 회사라 정부에서도 지원을 아끼지 않을 것"이라고 말했다.

6

빵 본고장 파리서 통한 허영인의 뚝심…
파리바게뜨 '문전성시'

- 한국경제 파리 김보라 기자 2018.10.29.

K베이커리 승부 20년…

허영인 회장, 매년 파리 찾아

한국식 빵 '코팡' 꾸준히 선보여

소보로빵·단팥빵 등 인기 메뉴로

연내 3호점… 내년엔 빵공장도

프랑스 파리 1구에 있는 파리바게뜨 샤틀레점. 지난 26일 찾아간 이곳은 점심시간 전후로 발 디딜 틈 없이 붐볐다. 나이 지긋한 동네 사람들부터 인근 시청에 근무하는 직장인까지 가게 밖으로 긴 줄이 이어졌다. 하루 평균 찾는 사람은 600~700명. 샤틀레점은 SPC그룹의 유럽 시장 확장을 위한 실험장이다. 파리바게뜨가 빵을 제조해 납품하는 레스토랑도 50개를 넘어섰다. 프랑스에 첫 점포를 연 지 5년 만에 SPC그룹은 프랑스에 3호점을 내기로 했다. 내년에는 북서부 브르타뉴 지역에 생지(빵 반죽) 공장도 세운다.

韓 식품회사 유일 프랑스 성공 스토리

프랑스는 한국 외식 브랜드의 불모지로 꼽힌다. 유럽에서도 가장 수준 높은 식문화를 자랑하기 때문에 엄두조차 못 내는 게 식품업계의 현실이다. '빵의 본고장'이라 베이커리 브랜드에는 진입장벽이 더 높다는 게 업계 인식이었다. 허영인 SPC그룹 회장이 "배우기만 하던 나라에 가서 우리 빵으로 제대로 된 승부를 해야 한다"고 선언한 건 20년 전이다. 한국에서 파리바게뜨 법인을 세운 지 10년 만인 1998년 프랑스 릴에 현지 사무소를 설립했다. 밀과 기계를 수입하면서 시장을 두드렸다. 2006년 프랑스 법인을 설립하고 프랑스 원맥을 들여와 국내에 정통 바게트를 출시했다. 품질에 자신이 생길 때까지 기다렸고, 2014년 7월 1호점인 샤틀레점을 냈다. 파리 샤틀레점과 오페라점(2호점)은 모두 반죽을 사와 굽기만 하는 스낵매장이 아니라 매장에서 반죽부터 제조까지 하는 브랑제리 형식이다. 까다롭기로 유명한 프랑스 유기농 인증도 유지하고 있다.

허 회장은 "처음부터 이류가 아닌 일류 브랜드로 가야 한다"고 했다. 1~2년 동안은 부침이 있었다. 한국식 빵인 '코팡'과 프랑스식 바게트 문화를 접목하는 게 관건이었다. 허 회장은 1년에 3~4회 이상 현장을 챙기며 뚝심 있게 기다렸다. 지난해부터 본격적인 성과가 나기 시작했다. 월평균 매출은 첫해에 비해 20% 이상 올랐다.

철저한 현지화+고급화 통했다

파리바게뜨가 파리에 안착한 비결은 현지화와 고급화다. 소비자의 취향을 파악한 뒤 신제품을 빨리 내놓는 한국식 기업문화도 큰 역할을 했다. 파리의 다른 빵집들이 전통적인 방식의 획일화된 빵을 판다면, 파리바게뜨는 메뉴를 계절과 유행에 맞춰 재빨리 바꾸는 방법을 썼다. 두 개 프랑스 지점에서 근무하는 직원 28명은 전원 프랑스인이다.

정재우 SPC그룹 프랑스점포사업법인 총괄은 "바게트 문화를 가진 셰프들에게 새로운 주문을 하면 처음에는 다들 의아해했다"며 "지금은 단팥빵, 소보로빵 등 코팡을 찾는 단골이 늘면서 다 함께 팀을 이뤄 연구개발(R&D)을 하고 있다"고 말했다. 현지인들은 제철 과일이나 유행하는 식재료 등으로 바뀌는 신제품을 만나는 재미로 이곳을 찾는다고 했다. 2개월 전에는 한국에서 흔한 빵인 피자빵을 선보여 호응을 얻고 있다.

개점 때부터 점장으로 일하고 있는 실비 카이요 샤틀레점장은 "프랑스의 다른 빵집과 비교해 늘 새롭고 신선한 메뉴가 많다는 평가 때문에 인근에 사는 사람들은 모르는 사람이 없다"며 "좋은 브랑제리의 기준인 바게트, 그것으로 만든 바게트 샌드위치가 특히 맛있다는 평가를 받고 있다"고 말했다. SPC그룹의 해외 매장은 지난해 300개를 넘어섰다. 글로벌 시장을 공략해 2030년 매출 20조 원, 세계 1만2000개 매장을 운영하겠다는 게 목표다.

7

"글로벌 시대, 4가지 영어 능력 골고루 키워야"

- 한국경제 공태윤 기자 2018.11.07.

취업에 강한 신문 한경 JOB
2018 토익 세미나

쉘리 펀챗 美 ETS 부사장
"글로벌 인재 판별 핵심은 영어"

"글로벌 시대에 생존하려면 영어의 4가지 스킬인 듣기·읽기·말하기·쓰기 능력을 고르게 키워야 합니다."

토익(TOEIC) 주관사인 미국 ETS의 쉘리 펀챗 부사장은 7일 서울 양재동 엘타워에서 열린 '2018 토익 세미나'에서 "영어 4개 영역의 고른 학습과 평가가 필요하다"며 특정 영역에 치우친 최근 한국의 영어 학습 분위기를 우려했다. 그는 "균형 잡힌 평가도구가 있어야 기업도 검증된 인재를 선발할 수 있다"고 강조했다.

기조연설에 나선 제프리 존스 주한미국상공회의소(암참) 이사장은 "글로벌 인재를 판별하는 핵심 요소는 영어"라고 강조했다. 영어의 중요성이 갈수록 커지고 있지만, 올바른 학습과 평가에 관한 논의는 아직 미흡하다. 수전 하인즈 ETS 이그제큐티브 디렉터는 영어 4개 영역의 상관관계를 밝히는 연구 결과를 소개하면서 "균형 있는 평가가 실력 있는 인재를 모은다"며 "이는 곧 기업의 경쟁력으로 이어질 것"이라고 말했다.

　　국내 토익·토익스피킹 주관사인 YBM 한국토익위원회가 주최한 이날 토익 세미나는 국내 대학과 기업의 사례를 통해 현황을 점검하고 글로벌 인재 양성을 위한 영어 교육평가 방안을 모색하는 자리다. YBM 한국토익위원회 자료에 따르면 현재 국내 4년제 대학 109곳에서 졸업인증 요건으로 어학성적을 요구하고 있고 삼성을 비롯한 국내 주요 기업에서 신입사원 채용 시 지원자의 어학성적을 기재토록 하고 있다.

　　노은미 한림대 교수는 "재학생을 대상으로 영어능력 향상을 위한 단기 프로그램을 운영하고 있다"고 말했다. 엄기성 LS미래원 부장은 "사업영역이 국내에서 해외로 넓어지면서 이제 외국어 능력은 필수"라며 "채용, 승진, 해외 주재원 파견 등 인사제도 전반에서 영어 성적을 제출토록 하고 있다"고 말했다.

　　'일본의 글로벌 전략'을 발표한 일본 토익 주관사인 IIBC의 나가이

소이치로 부장은 "2020년 도쿄 올림픽 개최를 앞두고 영어에 대한 일본인의 관심이 커졌다"고 일본의 학습 분위기를 전했다. 일본 문부과학성도 대학입시 영어시험에 토익 듣기, 읽기, 말하기, 쓰기를 비롯한 민간 영어시험을 채택했다. 지난해부터는 일본 공무원 시험에도 토익을 활용 중이다. 헐번 반 렌트 ETS글로벌 이그제큐티브 디렉터는 유럽 국가들의 영어활용 사례를 소개하기도 했다.

한문섭 한양대 영어교육학과 교수는 "글로벌 시대에는 이메일 등 영어 쓰기의 중요성이 더욱 강조될 것"이라며 "한국 젊은이들이 편향되지 않게 듣기, 읽기, 말하기, 쓰기의 4가지 영역을 골고루 향상시킨다면 글로벌 시장에서도 인정받는 인재로 거듭날 것"이라고 말했다.

8

김은주 "하이힐 신고 뛰어다니던 김 과장이 어떻게 CEO가 됐냐고요?"

- 한국경제 강경주 한경닷컴 기자 2018.11.08.

정부의 중소기업 지원 '하드웨어' 에만 편중… 자문 인력 모자라

중소기업에 기여하고픈 사명감 있어

외국 바이어들 의도 정확히 파악해야

희망 없는 사람들에게 꿈 전하고파

치열한 경쟁 사회…기회는 반드시 온다

하이힐을 신은 채 여성의 몸으로 해외 곳곳을 누비며 기술 영업 및 글로벌 마케팅을 펼쳐온 사람이 있다. 자신이 쌓은 경험이 가장 큰 자산이라며 수출에 애를 먹고 있는 중소기업들의 구원 투수를 자처한 김은주 EMC 대표가 그 주인공이다.

올해 '하이힐 신고 납품하던 김 과장은 어떻게 17개 명함 가진 CEO가 됐을까?'라는 책을 내며 중소기업 관계자 및 사회적 약자에게 화제를 받았던 김 대표를 직접 만났다.

✍ 수출컨설팅 업체 'EMC' 대표를 역임하고 있다. '수출 컨설팅'
이라는 개념이 생소한데

말 그대로 수출을 어떻게 해야 할지 모르는 중소기업을 대상으로
컨설팅을 해주는 거다. 해외 수출을 하고 싶은데 어디서부터 어떻게
해야 할지 모르는 중소기업이 상당히 많다. 그 기업들에게 해외 수출
기업으로 성장하도록 수출 자문, 해외 영업 코칭, 글로벌 파트너십 구
축, 구매·수출 대행, 무역 교육, 거래 협상, 계약서 검토, 수출 서류 작
성, 선적 등 수출 관련 절차를 전반적으로 지원하고 그 대가로 수익을
낸다.

현재 중소기업 6~7곳의 자문을 맡고 있다. 프로젝트에 따라 기간
도 다르고 자문 성격도 달라진다. 저는 경기도에서 주관하는 사업을
많이 했다. 경기도가 기업 육성에 관심이 상당히 크다. 기업들의 애로
에 관심이 많고 고민이 남다르더라. 예산도 많이 투입한다.

최근 정부의 수출 정책이 많이 바뀌었다. 예전에 정부 관계자 만나
서 중소기업 지원이 영문 홈페이지, 영문 카탈로그 등 '하드웨어'에 치
우쳐 있다고 말한 적이 있다. 그런데 제가 중소기업 방문해 가보면 그
런 '하드웨어'를 활용을 못하더라. 무엇을 어떻게 해야 할지 모르고 있
던 상황이었다. '하드웨어'는 있는데 그걸 운영할 '소프트웨어'가 없는
상황이다. 인력도 없고 수출 경험도 없는 중소기업이 태반이다.

그래서 필요한 것이 경험을 바탕으로 한 자문과 인력이다. 경험이
많은 사람들이 필요하다. 손잡고 같이 뛰어야 한다. 바이어 만나는 자

세계를 무대로! 무대를 품 안에!

리에 데리고 가서 상담도 같이 하고 다양한 코칭을 해준다. 이런 부분들이 많이 필요하다. 최근 조금씩 수출 자문이라든지 해외기업과의 파트너십 구축을 위한 사업이 생기기 시작했다. 제가 운영하는 회사는 이러한 부분을 컨설팅하고 있다.

회사 규모는 어떻게 되나?

창업은 규모보다 살아남는 게 더 중요하다. 아직 규모는 작지만 현장에서는 국제운송 전문가, 관세사, 법무사, 변호사, 통번역전문가, 국제인증 전문가들과 협업한다. 중소기업에 필요한 자문을 제공하고 수익을 내는 구조다.

사업 노하우나 지식 전수가 공짜라는 풍토가 있다.

여전히 산업계에서 지적재산권에 대한 인식이 미비하다. 그런 걸 잘 인정하지 않으려고 한다. "자문 좀 해주는 게 어때?" 그런 식으로 말한다. 그래서 쉽지 않았다. 3년 전에 처음 창업할 때에는 가는 곳마다 브로커 취급을 당했다. '수출 컨설팅'이라는 개념이 없었던 거다.

정부에서 주최하는 사업 설명회를 가도 제가 하는 사업의 정체성을 물어본다. 아무리 설명해도 이해를 시키는 게 쉽지 않았다. 한마디로 "나의 시간과 경험을 자산으로 해서 지식 서비스를 제공합니다"라고 말한다. 시간을 투자하고 지식과 경험을 투자하는 것, 이게 제 서비스이자 자산·수익모델이다. 여기까지 오는 게 너무 힘들었다. 아직도 갈 길이 멀다.

창업 1년차에는 "이걸 할 수 있을까? 지속할 수 있을까?"하는 걱정과 의문이 많았다. 그런 과정을 거치면서 작년부터 하나씩 거래처를 뚫었다. 경기도에서 하는 사업을 계속 모니터링 했더니 기회가 왔다.

함께 일하자는 제안이 많을 것 같다.

많은 곳에서 제의를 받았다. 하지만 나의 길을 가기로 했다. 큰 회사에 소속되면 안정적일 수는 있겠지만 나의 뜻을 다 펼치지 못한다. 해외 수출을 잘 모르는 많은 중소기업들에게 기여하고자 하는 사명감이 있다. 저는 제가 세운 '수출 컨설팅'이란 자산이 수익이 날 수 있다는 걸 끊임없이 증명하려 한다.

3개 국어를 자유롭게 구사하는 게 인상적이다.

외국어는 제가 하고 싶은 일 하기 위해 반드시 갖춰야 하는 무기다. 무기가 없으면 전쟁터에 나갈 수 없지 않나. 하나만 장착하면 만날 수 있는 세상이 작기 때문에 다양한 언어를 완벽하게 배워야 한다고 생각한다. 통역가에게 의지하지 않고 스스로 외국 바이어들을 설득하고 나의 방식으로 커뮤니케이션을 해야 한다.

15년 전 미국 바이어를 만나러 갔을 때 한국에서 온 작은 여성을 얼마나 우습게 봤겠나. 열 명이 넘는 미국 바이어들이 다리를 꼬고 앉아서 질문을 마구 쏟아냈다. 그때 난 더 당당해 질 수 있었다.

중소기업 컨설팅을 할 때 어떻게 하는지?

일단 마음가짐부터 바꿔야 한다고 말한다. '경청'이 영업의 시작인

세계를 무대로! 무대를 품 안에!

것이다. 바이어에게 자기가 하고 싶은 말을 해야 하는 게 아니라 그들이 원하는 대답을 해야 한다. 협상이 제대로 안되면 프로젝트가 결렬될 수 있다고 경고한다. 특히 바이어와의 만남은 첫 만남이 중요하다. 그때 잘못하면 본격적인 협상까지 가지도 못한다. 이런 것들도 다 경험을 통해서 깨우쳤다.

반대로 수출 경험이 전무한 중소기업 같은 경우에는 해외 수출에 자신감이 많이 없다. 그럴 때에는 할 수 있다고 말하면서 자신감을 주려는 방향으로 코칭한다.

✎ '하이힐 신고 납품하던 김 과장은 어떻게 17개 명함 가진 CEO가 됐을까?'를 발간해 화제가 됐다. 어떤 계기로 책을 쓰게 됐나?

작년에 남편을 잃었다. 그게 큰 전환점이 됐다. 그 전환점이 없었으면 책을 낼 용기는 못 냈을 거다. 책을 내기까지 스스로를 뛰어넘는 용기가 필요했다. 그 전에는 몸담았던 조직과 국가를 위해 용기를 냈다면 이제는 저와 같은 아픔을 가진 분들을 위해 용기를 내야겠다고 생각했다. 제 아픔을 세상 밖으로 꺼내는 일이 쉽지 않았다. 책을 쓰면서도 아픔이 생각났고 눈물을 흘렸다.

전에는 누구를 만나도 개인적인 이야기를 하지 않았다. 한국 사회에서 남편이 없다는 건 큰 약점이다. 누군가의 아내로서 가질 수 있는 평안은 포기했다. 남편이 있는 것과 없는 건 차이가 크다. 그래도 용기를 내서 책을 썼다. 누군가에게 희망이 되고 싶었다.

'하이힐 신고 납품하던 김 과장은 어떻게 17개 명함 가진 CEO가 됐을까?'가 생각보다 다양한 분들이 읽어주셨다. 처음에 책을 쓸 때도 중소기업인들만을 위해서 쓴 건 아니다. 앞으로 사회에 진출할 20~30대 여성들이 저와 같은 아픔을 겪지 않았으면 하는 마음으로 책을 썼다. 제가 명함을 17개 만드는 데 꼬박 20년이 걸렸다. 다른 여성들이 자신들의 꿈을 이루는데 20년이나 걸리길 원하지 않는다. 저는 멘토가 없었고 직접 부딪히고 깨지면서 배웠다. 그런 시행착오를 공유하고 싶었다.

사회 초년생들에게 조언을 해준다면?

우리는 대학교에서 공부만 했을 뿐 진짜 세상이 어떤지 배우지 못했다. 그건 부모님에게서도 배울 수 없다. 그래서 다들 회사에서 엄청 깨지고 힘들게 배운다. 한 가지 명심해야 할 건 모두에게 인정받을 수 없다는 걸 각오하고 세상에 나가야 한다. 그러면서 직장에서 어떤 사람이 될지 고민해야 한다. 그래야 기회를 잡을 수 없다. 사회에서는 기회가 많지 않다. 하지만 기회는 반드시 온다. 준비돼 있어야 한다.

그가 쓴 책에는 여성으로서 겪어야 했던 차별과 역경, 그리고 지금의 자리에 오르기까지의 과정이 눈물겹게 담겨 있었다. 이 책은 수출에 애를 먹는 중소기업인들을 위한 지침서이자 좌절에 빠져 있는 사람들의 마음을 헤아려 주는 힐링 서적이다.

9

"韓·日 아줌마도 벤처 창업…
이스라엘이라서 가능해요"

- 한국경제 텔아비브 이현일 기자 2018.11.11.

민박집·문화체험 주선 '트립정션' 설립
"가능성 있으면 누구나 투자받을 수 있어"

"한국이나 일본에 살았다면 40대 주부가 벤처기업을 시작한다는 것은 상상도 못 했겠죠."

지난 1일 이스라엘 텔아비브에서 만난 미호 벡 트립정션 최고경영자(CEO)와 김태진 최고운영책임자(COO)는 입을 모아 이스라엘 정부의 벤처기업 지원 정책을 칭찬했다. 트립정션은 일본을 여행하는 한국과 중국 등의 젊은이들에게 민박집과 문화체험을 주선하는 서비스 플랫폼 스타트업(신생 벤처기업)이다. 내년 초 서비스 시작을 목표로 제휴사를 모집하고 홈페이지와 앱(응용프로그램)을 준비하고 있다. 최근 일본에서 투자도 유치했다.

벡 CEO와 김 COO는 각각 일본과 한국 출신으로 이스라엘 남성과 결혼해 텔아비브에 정착했다. 자녀 두 명씩을 키우는 워킹맘이다. 벡 CEO가 지난해 창업 준비를 시작한 뒤 옛 직장동료인 김 COO에게 합류를 제의했다. 김 COO는 망설이지 않고 컨설팅사업을 정리하고 함께 트립정션 창업 준비에 나섰다.

사업 아이디어만 좋으면 전폭적인 지원을 받을 수 있다는 게 창업을 결심한 계기였다. 벡 CEO는 "처음 사업 준비를 시작한 곳은 텔아비브 인근 소도시의 시청에 있는 창업지원센터"라며 "이스라엘엔 인구 5만~6만 명 소도시에도 벤처지원시설이 있다"고 말했다. 그는 "가능성만 평가받으면 누구나 투자받을 수 있어 돈이 없어도 된다"고 했다.

10년 넘게 이스라엘 생활을 하면서 배운 '후츠파 정신'도 이들을 창업의 길로 이끈 원동력이다. 후츠파는 '담대함' '저돌성' 등을 뜻하는 말로 이스라엘 도전정신의 밑바탕을 이룬다는 평가를 받고 있다. 위계질서와 권위에 눌리지 않고 누구나 자신의 생각을 말할 수 있도록 하는 후츠파 문화는 이스라엘 창업정신의 근간이기도 하다.

10

인도네시아 관광청 한국지사장,
그녀의 반전 매력

- 조선일보 글·사진 오종찬 2018.11.12.

인도네시아 관광청 한국지사장 박재아

워라밸 문화의 확산으로 해외여행을 나가는 사람이 많다. 각 나라마다 한국 관광객을 유치하기 위해 치열하게 경쟁한다. 그래서 한국에 관광청 지사를 만들어 홍보를 한다. 여기서 일하는 사람들이 있다.

'인도네시아 관광청 한국지사장', '남태평양 관광기구 상임 고문', '전 피지관광청 한국사무소 대표'란 화려한 이력의 주인공 박재아(39) 씨는 활발하고 톡톡 튀는, 배에 11자 복근도 가지고 있다는 커리어 우먼이다. 6일 서울 코리아나 호텔에서 열린 '인도네시아 골프 에이전트 세미나'를 마친 그를 만나 외국 관광청 한국지사에서 하는 일에 대해 들어봤다.

🐌 비교적 젊은 나이에 이력이 화려하다. '금수저'같아 보이는데.

"꼭 '금수저'여야만 좋은 직업을 가질 수 있고 원하는 자리에 앉을 수 있는 건 아닌 것 같아요. 제가 도전하며 이뤄냈던 성과들은 맨땅에 열정만 가지고 부딪혀본 결과였거든요. 제가 가장 자신 있었던 것이, 한 번 확신을 갖고 시작한 일은 끝까지 해보는 근성이었습니다. 집이 어렵고 인맥이 없어서 어쩔 수 없이 길러진 능력일지도 모르죠. 실패한 적도 많았지만, 실패도 결국 다시 새로운 일에 도전하는 데 큰 힘이 됐던 것 같습니다. 함께 일해 본 사람들 가운데 끝까지 해보지도 않은 채 중간에 포기하고 남 탓을 먼저 하는 경우를 많이 봤어요. 도전하는 사람들이 가져야 할 건 더 좋은 스펙이 아니라 근성과 간절함이라고 생각합니다."

✍ '인도네시아 관광청 한국지사장'이란 직함이 생소하다. 무슨 일을 하는 건가.

"각 나라마다 자국의 관광객을 유치하기 위해서 현지에 지사를 운영해요. 지사를 통해서 현지 사람들이 자국으로 찾아오게 홍보를 합니다. 제가 하는 일이 그거예요. 인도네시아 관광청에서 한국지사장으로 임명했고, 인도네시아 관광을 다양한 방법으로 홍보하고 있습니다. 예를 들어 최근 방영됐던 tvN 윤식당의 인도네시아 촬영을 지원하고, 촬영지인 인도네시아 롬복이 인기를 얻으면 다양한 언론 매체를 통해 롬복의 여행 상품과 매력을 소개하는 기사를 배포합니다. 그리고 관련 지역으로 전세기를 유치해서 여행객 숫자를 늘리고, 홍보를 위해 미디어와 여행사의 팸 투어를 지원하기도 합니다. 일반 여행자 외에도 다이빙, 골프, 어학연수, 한류문화, 무역 등 다양한 목적을 가지고 있는 방문자들을 위해 지원하는 역할도 하죠. 모두 결과적으로는 인도네시아의 방문객을 늘리는 게 주된 목적이라고 할 수 있습니다."

⚬ 우리나라에 외국 관광청 한국지사들이 많은지. 어떻게 계약을 하는지도 궁금하다.

"한국에 있는 외국 관광청은 작년 기준으로 미주 13개, 유럽 12개, 중국 10개, 일본 8개, 오세아니아 태평양 지역 9개, 기타 6개가 있습니다. 중국이나 일본 같은 경우처럼 주나 현 같은 각 지역별 지사를 두는 경우도 있어요. 관광청 지사 계약은 입찰을 통해 계약하는 경우도 있고, 인맥을 통해 임명되기도 합니다. 홍보회사나 개인과 1년~3년 단위로 계약을 합니다. 의외로 관광을 주로 하는 홍보 회사가 없어서 저 같은 개인도 노력하면 충분히 지사장으로 임명될 수 있습니다."

⚬ 25세부터 무려 10년 간 '주한 피지 관광청 한국사무소 대표'도 했다. 어떻게 한 건가.

"대학교를 졸업하자마자 첫 직장으로 피지 관광청 한국사무소에 직원으로 입사했어요. 직원이 3명뿐인 작은 사무소였는데, 피지라는 나라가 있다는 사실도 모르고 시작한 일이었습니다. 하지만 정말 열심히 일했어요. 처음 일 때문에 피지에 다녀온 이후로 그 작은 섬에 설명할 수 없을 만큼 깊은 애정이 생겼습니다. 이를 바탕으로 3년 동안 24시간 내내 일만 생각하며 모든 정성을 쏟았어요. 출장과 사무실 업무 처리가 반복됐었고, 집에 들어간 날보다 회사에서 야근 하거나 밤을 샌 날이 더 많을 정도였습니다. 개인 휴가는 한 번도 써 본 적이 없었고, 피지에 방송 촬영팀이 갈 때마다 지원 목적으로 동행하며 휴가를 모

두 사용했습니다. 애정이 있었
기에 가능한 일이었어요. 그런
데 3년째 일하던 2005년. 갑
작스러운 병을 얻어서 수술 때

사모아 수도 아피아에서(좌), 사모아 관광교역전(우)
개막식에서. 박재아씨 제공

문에 퇴사했어요. 아쉬웠죠. 그런데 병원에 입원해 있는 동안 기적같
이 피지 정부에서 연락이 왔어요. '어떤 조건이라도 좋으니 함께 일하
자'는 요청이었습니다. 그동안 열심히 일했던 걸 좋게 봐 주셨나 봐요.
그래서 2006년에 한국사무소 대표로 계약했습니다. 이후로 관광 전
략 상 피지 정부가 한국사무소를 철수시킨 2016년까지 10년 동안 대
표로 있었어요."

🎤 외국 관광청 한국지사를 맡으면 얼마를 받는지. 수입이 궁금
하다.

"아무래도 나라의 관광청 규모에 따라 계약 금액이 틀립니다. 미국
같이 큰 관광청은 업무량이 몇 명이 할 수 없는 규모다 보니 한국의
관광 홍보 업체와 계약을 해요. 저와 같이 업체가 아닌 개인과 계약하
는 나라들도 국가별로 차이가 있는데, 피지 한국사무소를 맡았을 때
많게는 1년에 1억 넘게 받기도 했습니다."

🎤 해외 출장도 많이 다닐 것 같다.

"맡은 일이 해외 관광 홍보다 보니 여러 가지 일로 해외 출장을 자
주 다니는 편이에요. 해외 관광 상품 개발, 업무 관련 출장, 미디어 홍
보 지원 등 한 달에 한 번 이상은 다닙니다. 합쳐보면 일 년에 100일

세계를 무대로! 무대를 품 안에!

이상은 해외에 있는 듯해요.

🐝 현재 '인도네시아 관광청 한국지사장'이다. 어떻게 맡게 됐는지.

"피지 한국사무소가 철수한 이후 한 여행 매체의 자유기고가 자격으로 우연히 인도네시아 자카르타에 출장을 갔어요. 인도네시아와의 첫 만남이었죠. 그런데 깜짝 놀랐어요. 인구 2억이 훨씬 넘는 국가 규모에 무시 못 할 경제력에도 불구하고 언어와 음식, 옷차림 등 한국에 알려진 게 너무 없는 거예요. 소개할 것과 매력적인 관광지가 이렇게 많이 있는데 말입니다. 거대한 금광을 발견한 것처럼 흥분 상태로 몇 달을 보냈어요.

인도네시아를 한국에 소개할 수 있는 방법들을 공부해서 제안서를 들고 무작정 수도 자카르타로 갔습니다. 지금 생

한-태평양도서국 고위관리회의에서(좌), 몰디브에서, 박재아 씨 제공

각해도 용감했던 것 같아요. 당시 아시아 태평양 총괄국장의 사무실 앞에서 죽치고 앉아있었어요. 국장을 만나자마자 불쑥 인사를 하고 제 소개를 했어요. 제발 10분만 시간을 달라고 부탁했죠. 흔쾌히 사무실로 들어오라고 한 국장 앞에서 준비해 온 제안서를 열고 열심히 설명했습니다. 그러자 시작한 지 5분 만에 '같이 일합시다'라고 하더군요. 3개월 후 서울에 인도네시아 한국지사를 만들어 일하기 시작했습니다."

✍ 혼자 일하는지, 아니면 직원을 두고 일하는지.

"처음 만나는 사람에게 자주 듣는 질문이 사무실이 어딘지, 직원은 몇 명인지입니다. 이 일은 많은 직원보다는 집중력 있게 효율적으로 일하는 게 더 중요해요. 10년 전에는 두 명의 직원을 두고 일했어요. 그런데 지금은 혼자 일해요.

프로젝트마다 전문가들과 팀을 만들어 일하는 형식으로 바꿨죠. 그래서 프로젝트를 맡으면 그 분야에서 제일 잘하는 몇 사람과 단기 계약을 맺고 일을 진행합니다. 물론 잡무를 처리해 줄 사람이 없어서 몸이 피곤하긴 하지만, 비용을 줄이고 효율성을 높이기 위해서 늘 고민해요. 작은 개인 사무실을 가지고 있지만, 주로 업체나 공공기관과 미팅을 할 때는 제가 직접 찾아갑니다. 오히려 같이 일하는 분들은 더 좋아하세요."

✍ 바쁠 것 같다. 하루 일과가 궁금하다.

"저는 일찍 자고 일찍 일어나는 편이에요. 보통 새벽 3시쯤 일어나서 오전 7시까지 집에서 업무를 봐요. 메일, 제안서, 보고서 등을 작성하고 검토하죠. 아침 7시부터는 1시간 꼭 운동을 합니다. 8시에 가족을 위해 아침밥을 차려주고 아이들 학교를 보낸 후 9시부터 본격적으로 업무를 시작해요. 사무실로 출근을 하거나 미팅이 있는 곳으로 이동해요. 일이 많은 날은 저녁까지 일하니까 보통 하루에 4시간 정도 잠을 잡니다. 오랜 기간 적응하다 보니 생활 패턴이 그렇게 변했어요."

세계를 무대로! 무대를 품 안에!

이 일의 매력이 무엇인가.

"적극적으로 일할수록 많은 경험과 인맥을 쌓을 수 있다는 거예요. 예를 들어 인도네시아나 피지의 경우 고위급 관리들을 어렵지 않게 만날 수 있는데, 이런 인맥이 나중에 비즈니스에서 큰 역할을 합니다. 그리고 맡고 있는 나라에 대해 소개할 수 있는 것이 무엇일까 찾다 보면, 새로운 것을 발견하는 즐거움도 있어요. 유명한 관광지에도 일 때문에 자주 가다 보니, 일하면서 휴가를 즐기는 것 같은 짜릿함도 느낄 수 있습니다."

이야기를 들어보면 승승장구한 것처럼 들린다. 어려운 시기는 없었나.

"24살에 암을 앓았어요. 피지 관광청에서 일하다가 그만둘 수밖에 없었던 이유입니다. 큰 수술을 받았고 지금은 완치 상태지만 한창 일할 나이에 힘들었어요. 생사를 오가는 질병, 그리고 학창시절 부모님의 이혼 때문에 공부하고 도전하지 않으면 당장 먹고 살 걱정을 했을 정도로 위기의 20대를 보냈습니다.

늘 절박하고 간절했던 것 같아요. 그런데, 오히려 그게 원동력이 될 수도 있다는 걸 깨달았어요. 긴장감은 늘 가슴을 두근거리게 만들거든요. 한 번의 죽을 고비를 경험하면서 새로운 도전을 두려워하지 않게 됐어요. 어린 나이에 아팠던 경험은 결과적으로 인생에 큰 자극제가 됐습니다."

ꙥ 인스타그램을 보다가 운동하는 사진을 봤다. 복근을 보고 놀랐는데.

"초등학교 때부터 꾸준히 헬스클럽을 다녀서 운동이 생활화됐어요. 몸에 근육도 많고요. 평소에 워낙 오래 앉아서 일하기 때문에 어깨 근육이 많이 뭉치는 편이에요. 몸을 위해서라도 매일 운동합니다. 몇 년 전 복근이 유행하기에 고단백질 위주로 식단을 조절하며 복근 운동도 해봤어요. 식스팩을 지나 11자 복근을 6개월 만에 만들기도 했어요. 한 번 만들어 봤으니 이제는 마음 놓고 먹고 있습니다. 아, 아직 고단백질 위주의 식사를 하기는 해요. 삼겹살에 소주를 무척 좋아하거든요. 하하.

11

LG전자, 글로벌 마케터 한자리에…
"마케팅 성공사례 공유"

- 한국경제 이진욱 기자 2018.11.14.

**14일 'LG사이언스파크'에서 'Global Best Practice Awards 2018'
행사 열어**

LG전자가 해외법인에서 근무하는 마케팅 담당 임직원들을 한자리
에 모아 프리미엄 마케팅을 강화하기 위한 자리를 마련했다.

LG전자는 14일 서울 강서구 마곡에 위치한 'LG사이언스파크'에서
해외 32개 판매법인 마케팅 담당자들이 참가한 가운데 'Global Best
Practice Awards 2018' 행사를 열었다.

올해로 7회째를 맞는 이 행사에서 해외 판매법인은 브랜드, 온라
인, 영업 관련 분야의 마케팅 성공 사례를 공유했다.

레반트법인은 이라크 현지 전력 상황에 맞춰 에어컨을 개발하고 마

케팅을 펼친 사례를 발표했다. 이라크는 여름철 기온이 50도 안팎까지 올라가는데 전력 부족 문제가 심각해 에어컨을 정상적으로 가동하기가 어렵다. LG전자는 이런 상황에 주목해 사용자가 소비전력을 조절할 수 있는 에어컨을 개발했다. 또 이 제품은 지역별 서비스 엔지니어들이 고객들에게 추천하는 방법이 효과를 거두며 널리 알려지게 됐다.

또 인도법인은 노래와 춤을 좋아하는 현지 고객들의 특성을 반영한 사례를 공유했다. LG전자는 인도 고객들이 노래와 춤을 좋아하는 점을 감안해 인도 전역을 돌며 '엑스붐(XBOOM) 가라오케 페스티벌'을 진행했다. 실제로 이 행사는 인도 고객이 '엑스붐' 브랜드의 뛰어난 오디오 성능을 직접 체감하고 구매하는 데 기여했다.

LG전자 관계자는 "글로벌 마케팅 담당자들이 이 행사에서 공유된 사례를 현지 마케팅에 적극 활용하면 브랜드 이미지 강화, 판매 확대 등 좋은 성과를 낼 수 있을 것"이라 설명했다.

12

한국 웹툰 플랫폼, 日 모바일 1·2·5위

- 조선일보 정상혁 기자 2018.11.16.

웹툰을 앞세워 한국 만화도 일본에서 약진 중이다. 만화는 20년 전 일본 대중문화 개방 당시 가장 우려가 심했던 취약 분야였지만 2016년 일본 수출액 915만 달러로 수입액(595만 달러)을 크게 앞질렀다.

한국이 일본 시장 개척에 본격적으로 뛰어든 건 2013년부터다. 네이버의 일본 웹툰 서비스 '라인 망가'에 이어 NHN엔터테인먼트 '코미코'가 발을 디뎠다. 독자적인 편집·운영을 바탕으로 일본 독자 취향을 고려한 현지화 전략을 펼쳤다. 2016년 진출한 카카오의 모바일 웹툰 플랫폼 '픽코마'는 고단샤·아키타쇼텐 등 유수의 일본 출판사 115곳과 제휴하고, 일정 기간이 지나면 작품을 공짜로 볼 수 있는 '기다리면 무료' 서비스 등을 선보이며 월 이용자 수 340만 명을 확보했다. 현재 일본 애플 앱스토어 도서 분야 순위는 1위 라인 망가, 2위 픽코마, 5위 코미코 순이다.

일본 유명 만화가 히가시무라 아키코가 한국에서 웹툰 연재를 하는 등 역(逆)수입도 시작됐다. 한국 인기 웹툰작가 기안84는 최근 본지 인터뷰에서 "요즘 애들은 일본 만화를 잘 몰라 놀랐다"고 했다.

아직 갈 길이 멀다는 목소리도 있다. 한창완 세종대 교수는 "고속도로는 깔았으니 좋은 차를 더 많이 제작해야 한다"며 "시장을 견인할 작품을 발굴해야 한다"고 말했다.

세계를 무대로! 무대를 품 안에!

13

'남수단의 영웅' 故 이태석 신부,
현지 교과서에 봉사 인생 실렸다

- 조선일보 파리 손진석 특파원 2018.11.16.

내년부터 초·고등학교에 보급 "봉사했던 외국인 수록된 건 처음"

아프리카 극빈국 '남(南)수단'에서 봉사 활동을 하다 암으로 생을 마친 고(故) 이태석(1962~2010) 신부의 삶이 내년부터 교과서를 통해 남수단 학생들을 찾아간다. '한국이 낳은 슈바이처'로 불린 이 신부의 헌신적인 삶은 다큐멘터리 '울지마 톤즈'(2010년)로 만들어져 많은 이의 심금을 울렸다.

지난 14일 아프리카 언론에 따르면 남수단 교육부는 지난 9월 이태석 신부의 인생을 수록한 교과서를 펴냈으며, 내년 초 일선 학교에 보급할 예정이다. 초등학교 사회 교과서에 3쪽, 고등학교 시민생활 교과서에 2쪽에 걸쳐 그의 삶이 다뤄졌다. 현지 언론은 "봉사 활동을 이유로 외국인을 교과서에 담은 것은 남수단에서 이 신부가 처음"이라고 보도했다.

교과서에는 이 신부가 의과대학을 졸업한 후 사제로 살겠다고 결심한 뒤 남수단에 와서 봉사하는 스토리가 자세히 기술돼 있다. 그가 청진기로 현지 어린이들을 진찰하는 장면 등 사진도 여러 장 담

남수단 초등학교 사회 교과서에 실린 이태석 신부에 대한 내용. 남수단한인회

았다. 초등학교 교과서는 "인종과 종교 분쟁으로 인한 내전(內戰)으로 200여만 명이 숨진 남수단에서 이태석 신부는 도움이 필요한 사람들의 고통을 덜어줬다"고 했다. 고등학교 교과서는 "남수단에서도 환경이 열악한 지역인 톤즈 주민을 위해 헌신한 이태석 신부는 영웅으로 남았다"고 적었다. 남수단 정부는 이 신부 추모를 위해 2015년부터 교과서 수록을 추진해왔다.

이 신부는 2001년 서울에서 사제 서품을 받고 그해 남수단 톤즈에 정착했다. 말라리아, 콜레라, 나병이 흔한 톤즈에서 이 신부는 흙담을 세우고 짚을 덮은 '움막 병원'을 세워 환자들을 치료했다. 톤즈 어린이들을 위해 학교를 설립하고 35인조 브라스밴드를 만들기도 했다.

하지만 정작 자신의 건강은 돌보지 못했다. 2008년 11월 휴가차 한국에 들어왔을 때 대장암 4기 판정을 받았으며, 서울에서 투병 생활을 하다 2010년 1월 선종(善終)했다.

세계를 무대로! 무대를 품 안에!

14

동대문 옷 전 세계에 파는
서경미 링크샵스 대표 "월 100억 넘게 거래"

- 조선일보 조선비즈 박용선 기자 2018.11.17.

2001년 미국 라스베이거스. 장래 호텔리어를 꿈꾸던 스무 살 서경미 학생은 네바다주립대 호텔경영학과에서 입학허가서를 받고 이곳에 왔다. 하지만 입학 직전 교통사고를 당해 입학을 미뤄야 했다.

한두 달 만에 몸이 거의 낫자 그는 지루함을 달래기 위해 한국에서 가져 간 물건으로 장사를 시작했다. 손톱에 도장을 찍

서경미 링크샵스 대표는 "4년 동안 동대문 시장에서 여성 의류를 도매로 팔았다"며 "도매업체가 어떻게 장사를 하고 무엇을 원하고, 어떤 어려움을 겪는지 알 수 있었다"고 말했다. 박상훈 기자

듯이 문양을 새기는 스탬프식 네일아트 제품이었다. 처음에는 라스베이거스의 한 호텔 상점의 구석자리에 책상 하나를 놓고 팔았다. 그런데 반응이 예사롭지 않았다. 관광 도시여서 돈을 쓰고 즐기러 오는 여행자들이 많아서였을까, 장사가 생각보다 잘 됐다.

6개월 후 그는 늦은 입학을 했다. 하지만 장사를 그만둘 수가 없었

다. 돈도 돈이지만 무엇보다 장사하는 재미에 빠졌기 때문. 서서히 판매하는 물건을 휴대전화 액세서리, 열쇠고리 등으로 늘려나갔다. 도박이나 게임을 하러 라스베이거스에 온 관광객들이 행운을 바란다는 것에 착안해 판매한 네잎클로버 휴대전화 액세서리는 없어서 못 팔 정도로 대박이 났다.

호텔, 백화점 등 30여 곳에 팝업 스토어를 만들어 사업을 확대했다. 사업이 커지자 미국 현지인으로부터 매각 제안을 받았다. 사업을 통째로 사겠다는 것이었다. 그는 제안을 받아들였다. 사업을 시작한지 약 2년 만이었다.

학생 신분으로 장사를 해 꽤 큰돈을 쥐게 된 서경미는 새로운 아이템을 고민하다 니트·원피스 같은 여성 의류에 눈을 돌렸다. 처음에는 액세서리를 팔 때처럼 소비자를 상대로 제품을 판매했다. 그런데 사업을 하는 과정에서 자신과 같은 소매상에 제품을 공급하는 도매업에 관심을 갖게 됐다.

미국 현지 제품은 물론, 한국과 중국에서 쓸 만한 제품을 수입해 주변 옷 가게에 공급하기 시작했다. 한국의 동대문 의류 도매 시장도 그때 알게 됐다. 그가 본 동대문 시장은 최신 패션 트렌드에 빠르게 대응할 수 있고, 품질과 가격 경쟁력도 높았다.

하지만 동대문 시장의 의류 도매상들은 온라인 판매를 하지 않고 있었다. 미국에서 팔릴 만한 옷을 고르려면 한국에 비행기를 타고 날아와 동대문 시장에 직접 가야만 했다. 막연하지만 동대문 시장이 더성장하려면 시대에 맞게 변화해야 한다는 생각을 갖게 됐다.

그는 동급생들보다 꽤 늦은 2008년 대학을 졸업했다. 부업으로 한옷 장사가 잘 돼서 학비와 생활비를 번 것은 물론, 졸업할 때에는 서울에 집 한 채를 살 정도의 돈을 모았다. 호텔경영학을 전공했지만 어느새 호텔리어의 꿈은 잊고, 의류 사업가로 변신해 있었다. 그는 귀국해 동대문 시장에서 여성 의류를 제작해 도매로 판매했다.

4년 가까이 동대문 시장에서 도매를 하면서 답답함이 점점 커졌다.미국은 물론 중국, 동남아, 러시아, 동유럽의 많은 소매상들이 동대문옷을 사기 위해 찾아오는데, 여전히 온라인 거래는 제대로 이뤄지지않고 있었다. 시대에 뒤떨어진 모습이었고, 동대문이 글로벌 의류 시장으로 더 성장하지 못하는 이유였다.

"세계 옷 시장이 오프라인에서 온라인으로 넘어가고 있는데, 동대문은 아직도 현장 거래만 이뤄지고 있는 것을 보고 너무 안타까웠어요. 동대문 시장의 옷의 품질과 가격이 글로벌 시장에서 큰 경쟁력이있는데도 말이죠. 그래서 직접 동대문 의류 도매 시장에 온라인 거래시스템을 만들겠다고 결심했어요."

그는 2012년 7월 링크샵스를 창업하고 대표가 됐다. 동대문 시장

일대에 있는 의류 도매업체의 제품을 전 세계 옷 소매상이 온라인으로 구매할 수 있도록 중개하는 회사다. 링크샵스는 2015년 본격적인 서비스를 시작했는데, 그해 국내외 벤처캐피털로부터 40억 원을 투자받았다. 서경미 대표는 이를 사업운이 따른 것이라고 생각했다. 스무 살 때 미국에서 대학을 다니며 시작한 옷 장사가 번창했던 것처럼.

현재 8000여 개의 동대문 의류 도매업체가 링크샵스의 사이트와 앱을 통해 한국은 물론 전 세계에 옷을 판매한다. 링크샵스는 올 9월 115억 원의 투자금을 추가로 유치했다. 투자자들이 성장 가능성이 크다고 본 것이다. 올 들어 10월까지 옷 소매상이 링크샵스를 통해 동대문 의류 제품을 구매한 금액은 약 1000억 원에 달한다.

동대문 의류 시장의 서쪽인 서울 흥인동 링크샵스 사옥에서 서 대표를 만났다. 당찬 모습에서 열정과 패기가 느껴졌다.

✍ **동대문 의류 도매 시장을 온라인화 하겠다는 생각을 한 계기는.**
"우리가 잘 몰라서 그렇지 동대문 도매 시장은 엄청나게 매력적인 곳이다. 동대문 시장 일대에는 의류 디자인부터 생산, 판매까지 전 공정이 가능한 업체가 2만 개 넘게 모여 있다. 이들은 최신 패션 트렌드에 발빠르게 대응할 수 있다. 품질과 가격 경쟁력도 높다. 세계 최고 수준이다.

하지만 동대문 도매 시장은 온라인화 되어있지 않았고, 새벽에만 열

세계를 무대로! 무대를 품 안에!

렸다. 미국에서 옷 도매 사업을 할 때 동대문의 장점과 동시에 시대에 뒤처진 점을 알았다. 그때부터 동대문 도매업체와 소매상을 온라인으로 연결하는 일에 관심을 갖게 됐다. 연결이 제대로 되면 동대문 도매업체는 24시간 전 세계로 판로를 넓힐 수 있고, 소매상은 새벽에 동대문 시장까지 찾아와 제품을 구매할 필요가 없다.

성장 가능성도 크다고 판단했다. 동대문 의류 도매 시장 규모는 연간 10조 원이 넘을 것으로 추산된다. 현금 결제를 하는 도매업체가 많아 그 규모는 더 클 것으로 예상한다."

링크샵스를 창업하기 전 동대문 시장에서 여성 의류를 제작해 도매로 팔았다.

"동대문 도매 시장을 먼저 알아야 했다. 2008년부터 약 4년 동안 동대문 시장에서 니트·원피스 등 여성 의류를 제작해 도매로 팔았다. 동대문 시장에서 일하면서 도매상이 어떻게 장사를 하고, 무엇을 원하고, 어떤 어려움을 겪는지 알 수 있었다. 이 경험은 링크샵스를 창업하고 운영하는데 큰 도움이 됐다."

링크샵스 사업은 서 대표가 생각한 것처럼 간단하지 않았다. 특히 동대문 의류 도매업체는 온라인으로 제품을 판매하는 것을 꺼렸다. 그동안 주로 현금 거래를 했는데 시장이 온라인화 되면 전자 결제를 해야 하고 그만큼 세금도 더 내야 하기 때문이었다.

또 제품을 촬영하고 온라인 사이트에 업로드하는 인터넷 작업에도 익숙하지 않았다. 링크샵스가 서비스를 선보이기 전에도 많은 전자상거래 업체들이 동대문 도매업체와 소매상을 온라인으로 연결하려고 했지만 실패했던 이유다.

✍ 현금 거래를 고집하는 동대문 도매업체의 마음을 어떻게 돌려놨나.

"꾸준히 도매업체 사장들을 만나 설득했다. 의류 시장이 온라인으로 이동하고 있고 전자결제의 편리함을 설명했다. 짧은 시간에 그들을 설득한다는 게 쉽지 않다는 것을 잘 알았다. 2008년부터 2012년까지 동대문 시장에서 일하면서 도매업체 사장들과 친분을 쌓았다.

2013년부터 본격적으로 링크샵스의 서비스를 설명했다. 특히 판로를 넓힐 수 있다는 점을 강조했다. 온라인으로 제품을 판매하는 것을 어려워하는 사람들이 많았는데, 우리가 상품 촬영과 사이트 업로드 등 모든 서비스를 지원했다. 도매업체는 좋은 제품을 만드는 데만 집중하면 된다며 설득했다."

✍ 소매상은 시간을 내서라도 동대문 시장에 나가 제품을 보고 구매하길 원할 것 같은데.

"처음에는 동대문 시장에 나와 직접 옷을 보고 구매하려는 소매상이 많았다. 하지만 동대문 시장에서 물건을 구매하는 소매상 대부분은 어떤 도매업체가 어떤 제품을 잘 만드는지 알고 있다. 때문에 새벽에 힘들게 나오지 않아도 링크샵스에 올라온 제품 사진과 설명을 보고 구매하면 크게 문제가 없다는 점을 점차 알게 됐다. 밤 11시 이전에 링크샵스를 통해 주문하면 다음날 아침 제품을 받을 수 있도록 배송 서비스도 도입했다.

소매상들 중에는 다양한 제품을 조금씩 구매하는 경우가 많다. 여러 가지 제품을 판매하며 소비자 반응을 보고 그 중 잘 팔리는 제품을 추가로 구매해 수익을 확대하려는 것이다. 이 점에 착안해 링크샵스는 사업자 인증을 거치면 제품 한 개도 구매할 수 있도록 시스템을 만들었다. 대량 구매를 기본으로 하는 과거 동대문 도매 시장에선 찾아보기 힘든 일이다."

사업 규모는.

"현재 8000여 개의 동대문 도매업체가 링크샵스의 온라인 사이트와 앱을 이용한다. 동대문 전체 도매업체의 약 50%에 해당하는 규모다. 서비스를 시작한 2015년 700여 개에서 10배 이상 증가했다. 하루 기준으로 거래하는 상품 수는 약 170만 개다. 월 평균 거래액은 100억 원을 넘어섰다.

수익은 소매상이 링크샵스의 온라인 사이트, 앱을 이용해 도매업체의 제품을 구매했을 때 발생하는 (중개) 수수료에서 나온다. 소매상은 거래액의 3%를, 도매업체는 거래액의 1%를 수수료로 낸다. 해외 소매상의 경우 거래액의 8%를 받는다."

🖎 반품도 가능한가.

"제품에 문제가 있다면 당연히 반품이 가능하다. 그러나 소매상이 마음이 바뀌었다고 반품을 할 수는 없다. 아직까지 이런 이유로 반품을 요청한 경우는 없다. 우리 사업은 신뢰 관계가 중요하다. 그 신뢰는 제품의 질에서 나온다. 때문에 실력 있는 도매업체를 확보하려고 노력했다."

링크샵스 직원이 동대문 새벽 도매 시장에서 고객이 주문한 제품을 배송하고 있다. 조선일보DB

링크샵스의 직원을 보면 동대문 시장 출신이 많다. 영업팀은 물론 주문이 들어온 제품을 도매업체에서 받아 소매업체에 배송하는 사업팀도 대부분 동대문 시장 출신이다. 서 대표는 직원을 뽑을 때 현장 경험을 중요하게 여긴다. 좋은 대학을 나오고 이론만 잘 안다고 일을 잘 한다고 생각하지 않기 때문이다.

서 대표 역시 새벽에 동대문 시장에 나가 고객을 만난다. 그는 "현장에서 도매업체 사장들을 만나 필요한 게 무엇인지 듣고 우리가 어떤 서비스를 해야 할지 고민한다"고 말했다.

🖎 링크샵스 사업을 한 지 6년째다. 회사를 경영하며 어려운 점은 없었나.

"직원을 고용하고 같은 목표를 갖고 함께 뛴다는 것이 쉽지 않았다. 특히 사업 규모가 커지고 직원이 늘다 보니 조직을 관리하는 게 어려

세계를 무대로! 무대를 품 안에!

왔다. 중간 관리자에게 권한을 주고 그들이 역할을 할 수 있는 조직 체계를 만들면서 극복할 수 있었다. 사업은 최고경영자(CEO) 혼자 하는 게 아니다. 능력 있는 직원을 뽑고 그들이 능력을 발휘할 수 있는 환경을 만드는 것이 중요하다."

앞으로 계획은.

"지난 9월 알토스벤처스·테크톤벤처스·KT인베스트먼트 등 벤처캐피털로부터 115억 원을 투자 유치했다. 창업 후 국내 시장을 키우는 데 집중했다. 아직은 거래의 90%가 국내 소매상에서 나온다. 나머지 10%가 해외 주문인데, 중국·홍콩·대만·마카오 등에서 발생한다.

그동안 링크샵스는 사이트를 영어, 중국어로 서비스하는 것 외에는 별다른 해외 마케팅을 하지 않았다. 이제는 해외 사업을 강화해야 할 때라고 생각한다. 벤처캐피털로부터 유치한 자금 대부분을 해외 사업을 확대하는데 사용할 계획이다."

15

첫 한국인 인터폴 총재…
김종양 前 경기경찰청장

- 한국경제 이수빈 기자 2018.11.21.

멍 前 총재 사임 후 권한대행
푸틴 대통령 측근 누르고 선출
임기는 2020년까지

인터폴 가입한 지 54년 만에 쾌거
김종양 "안전한 세상 위해 함께 가자"

첫 한국인 인터폴(Interpol, 국제형사경찰기구) 총재가 탄생했다. 1964년 인터폴에 회원국으로 가입한 뒤 54년 만이다.

경찰청과 외교부는 지난 18~21일 아랍에미리트 두바이에서 열린 제87차 인터폴 총회에서 인터폴 선임 부총재인 김종양 전 경기경찰청장이 한국경찰 역사 최초로 인터폴 총재에 당선됐다고 21일 발표했다.

이번 선거는 중국의 멍훙웨이(孟宏偉) 전 총재가 사임하면서 치러졌

세계를 무대로! 무대를 품 안에!

다. 194개 회원국 중 179개국이 참석해 1국당 1표씩 자유투표로 새 총재를 선출했다. 김 신임 총재는 러시아 출신 알렉산더 프로코프추크 인터폴 유럽 부총재와 경합을 벌여 가장 많은 표를 얻었다. 득표율은 관례상 공개하지 않는다고 경찰 측은 설명했다.

원래 인터폴 총재 임기는 4년이지만 김 신임 총재는 전임 총재 잔여 임기인 2020년까지 2년간 총재직을 맡는다. 멍 전 총재는 올해 9월 모국인 중국 출장을 간다고 한 뒤 연락이 두절됐다가 중국 반(反)부패 당국인 국가감찰위원회로부터 뇌물수수 혐의로 조사를 받게 돼 총재직에서 물러났다. 이후 부총재였던 김 신임 총재가 총재 대행으로 일해 왔다. 이번 총회기간에도 의장 역할을 맡아 코소보 회원 가입 문제 등 안건을 처리했다.

김 신임 총재는 개회사와 출마연설에서 인터폴의 정치적 편향과 개입을 차단하고, 아시아 아프리카 등 소외된 회원국 간 치안력 격차를 해소하겠다고 약속했다. 이런 공약이 특히 개발도상국 회원국 사이에서 지지를 얻은 배경으로 풀이된다. 러시아 출신 총재가 탄생하는 것에 반감이 있는 미국 등 서방국의 적극적인 지지도 당선에 영향을 미친 것으로 풀이된다. 프로코프추크 부총재는 블라디미르 푸틴 대통령의 측근으로 알려졌다.

김 신임 총재는 경찰청 내 대표적인 외사경찰로 꼽힌다. 경찰로 재직하면서 미국 로스앤젤레스(LA) 주재관, 핵안보정상회의 경찰준비단장, 경찰청 외사 기획조정관, 경남·경기지방청장 등을 거쳐 국제감각과 리더십을 두루 갖췄다는 평가다. 2012년에는 인터폴 아시아 집행위원으로, 2015년에는 인터폴 부총재로 선출됐다.

외교부는 이번 선거를 위해 외교부 차원에서 각국 재외 공관을 통해 주재국 정부부처에 적극적으로 지지교섭을 벌이는 등 지원했다고 밝혔다. 경찰청도 그동안 외국 경찰과의 교류협력 등 관계를 다져온 것이 이번 선거에서 빛을 발했다고 평했다.

투표 결과가 공개된 뒤 이뤄진 수락연설에서 김 신임 총재는 "소중한 믿음을 준 것에 감사드린다"며 "우리 공동 목표인 안전한 세상을 위해 함께 가자"고 소감을 밝혔다. 경찰청 관계자는 "한국이 세계 최대 국제기구 중 하나인 인터폴 총재를 배출한 것은 국가적인 쾌거"라며 "국제사회에서 한국의 위상과 역할을 한 단계 끌어올릴 수 있을 것으로 기대한다"고 말했다.

인터폴은 국제범죄, 테러, 재난 등 치안문제에 대한 국가 간 공조와 경찰 협력을 위해 1923년 설립된 국제기구다.

해외 도피범을 회원국끼리 서로 협업해 수사하는 게 주된 업무다. 세계 범죄를 조사해 리포트도 발표한다. 올해 기준 회원국은 194개국으로 유엔보다 가입국이 많다. 범죄자의 국제 이동이 많아지고, 사이버 범죄 등 국경을 넘어선 범죄 유형이 등장하면서 가입국이 늘고 있다. 프랑스 리옹 본부에는 100여 개국에서 파견된 950명 인력이 근무하고 있다. 주로 회원국 기금으로 운영된다. 작년 예산은 1억2430만 유로(약 1601억 원)다.

세계를 무대로! 무대를 품 안에!

16

CJ, 만두·김치로 '베트남 입맛' 공략…
오리온, 25만 개 유통망 구축

- 한국경제 호찌민 류시훈 기자 2018.12.04.

베트남 파고드는 K유통·K푸드
(2) 식품업계 '포스트 차이나' 로 부상

베트남 제과시장 1위 오리온
초코파이, 결혼 답례품으로 인기
설 명절 절에선 박스로 탑 쌓기도

식품 영토 넓히는 CJ제일제당
민닷푸드 등 현지업체 잇단 인수
700억 투자 첨단공장 내년 가동

CJ제일제당은 베트남 호찌민시 인근 롱안지역에 700억 원을 투자해 첨단 식품공장을 짓고 있다. 내년 4~5월께 완공돼 본격 가동되면 글로벌 전략 상품인 비비고 만두 등 냉동식품을 비롯해 김치, 가정간

편식(HMR), 수산가공 및 육가공 제품 등을 통합 생산할 수 있게 된다. 이 공장을 통해 베트남에서 올해의 약 세 배인 7000억 원의 매출을 달성하겠다는 목표를 세웠다.

베트남 대학 입학 자격시험이 치러진 지난 6월. 제과업체 오리온은 주요 도시 시험장 입구에서 초코파이 30만 개를 수험생들에게 전달했다. 제품의 캐치프레이즈인 '정(情)'을 나누는 행사다. 초코파이는 베트남에서 '국민 간식'의 반열에 올라 있다. 집마다 늘 차려놓고 있는 제사상에도 초코파이가 오른다. 약혼식과 결혼식의 하객 답례품으로도 인기다. 설 명절에 절에선 초코파이 박스로 탑을 쌓고 복(福)을 비는 사람들이 많다.

성장둔화·규제에 해외 진출 서둘러

베트남 시장을 파고드는 두 회사는 한국에선 어려움을 겪고 있다. 2010년대 들어 시작된 제과시장의 성장 둔화는 오리온에는 위기이자 기회로 다가왔다. 과자류 소비 둔화를 예상하고 일찌감치 중국 베트남 등 해외 시장 공략에 나선 배경이다.

국내 1위 식품업체 CJ제일제당은 오는 13일 시행되는 '소상공인 생계형 적합업종 지정에 관한 특별법'이 성장의 발목을 잡지 않을까 걱정하고 있다. 김치 두부 등 제품 생산을 더 이상 늘리기 힘들 수 있기 때문이다. 대기업은 이들 품목에 대해 5년간 사업 인수나 개시, 확장 등을 할 수 없다. 전체 적합 업종의 약 40%를 식품이 차지한다.

그렇다고 베트남 시장에서 두 회사가 보여주고 있는 성과를 한국 시장의 성장 둔화나 규제에서 비롯됐다고만 평가할 수는 없다. 'K푸드'를 앞세워 10여 년 전부터 시장을 두드린 결과, 지금은 한국과 중국에 이어 베트남에서 '제3의 CJ'와 '제3의 오리온'을 건설하고 있기 때문이다.

베트남인 삶 속으로…

CJ제일제당과 오리온의 베트남 진출 전략은 다르다. 베트남 제과시장 점유율 1위(19%)인 오리온은 바닥부터 다져왔다. 초코파이는 초콜릿 코팅 파이 시장에서 67%를 점유하고 있다. 올해 매출 1000억 원 돌파가 예상된다. 낱개로 5억 개에 육박한다. 감자칩 부문에서도 경쟁사인 펩시(프리토레이)를 앞질렀다.

대표 상품 초코파이는 1990년대 초 보따리상을 통해 베트남에 수입됐다. 가격이 만만치 않았다. 그렇다 보니 처음엔 명절에 주고받는 '귀한 선물'로 활용됐다. 오리온이 공식 수출을 시작한 2000년 초부터 수요가 급증했다. 2006년 호찌민에, 2009년 하노이에 공장을 지어 베트남 전역을 아우르는 생산 기반을 구축했다. 2008~2012년엔 전국적인 유통망 구축에 나섰다. 그 결과 지금은 대형마트에서 소형 점포까지 베트남 전역의 35만 개 판매점 중 18만 곳을 직접 관리할 수 있게 됐다. 정종연 베트남법인 마케팅부문장은 "지역 도매상을 통해 시골 가게로까지 공급망을 확대한 만큼 실질적으로는 베트남 전역의 75%를 커버하는 25만 개 판매처를 확보한 셈"이라고 말했다.

유력업체 인수… 단기간에 영토 확대

CJ제일제당은 생산시설과 유통망을 갖춘 현지 유력업체를 잇따라 인수하는 방식으로 시장을 파고들고 있다. 단기간에 내수시장을 공략하고 수출에 나서기 위해서다. 2016년 현지 1위 김치업체인 킴앤킴과 냉동식품업체 까우제를 잇따라 인수한 데 이어 2017년엔 수산가공식품업체 민닷푸드를 사들였다.

까우제가 생산하는 '짜조(스프링롤)'와 딤섬류는 베트남 내수 시장 점유율이 각각 50%, 35%로 1위다. 미국 코스트코에도 상당한 물량을 수출한다. 민닷푸드는 베트남 소매시장의 80%를 차지하는 전통시장과 푸드카트 등 길거리 음식점 식자재 시장을 겨냥해 인수했다.

롱안지역에 첨단 식품공장이 완공되면 인수한 3개 업체의 공장은 하나로 통합된다. 생산 능력은 기존 3개의 공장을 합친 것보다 세 배 커진다. 통합공장에선 냉동 김치도 생산한다. 유럽 지역과 일본에선 익은 신김치를 선호하지 않는다. 겉절이 상태의 싱싱한 '비비고 김치'를 급속 냉동해 수출할 계획이다. 김치 수출 전진기지 역할을 하게 된다.

첨단 공장인 만큼 식품 안전을 위한 연구개발센터를 갖추고, 생산이력제도 도입한다. 공장엔 견학로를 따로 설치해 현지 소비자와 거래업체, 베트남 정부 관계자들을 초청하기로 했다. 노웅호 CJ까우제 법인장은 "현지에서도 식품 안전에 대한 관심이 커지는 분위기"라며 "공장을 찾은 해외 바이어들로부터 품질 안전을 믿을 수 있게 됐다는 평가를 듣고 있다"고 말했다.

17

뚜레쥬르, 베트남 베이커리 1위…
'프리미엄 전략' 주효

- 한국경제 호찌민 류시훈 기자 2018.12.04.

베트남 파고드는 K유통·K푸드

음료 코너 등 현지 업체와 차별화

향후 점포 100개까지 늘리기로

지난달 말 찾은 베트남 호찌민 하이바쯩 지역의 뚜레쥬르 매장. 개점한 지 11년 된 베트남 1호점인데도 인테리어는 서울 도심의 매장만큼 깔끔했다. 뚜레쥬르를 운영하는 CJ푸드빌은 한국 매장에 대한 리뉴얼을 단계적으로 하면서 베트남에도 같은 콘셉트를 적용했다.

특히 커피 주스 등을 판매하는 음료바가 한쪽에 따로 갖춰져 있어 눈길을 끌었다. 뚜레쥬르 해외 매장 중 음료바를 설치한 곳은 하이바쯩점이 처음이다. 그만큼 베트남 베이커리 시장의 성장 가능성을 높이 평가했다는 의미다.

CJ푸드빌은 베트남에서 35개 점포를 운영 중이다. 1위 베이커리 전문점이다. SPC그룹의 파리바게뜨(8개 점)보다도 점포가 많다. 파리바게뜨가 3400여 개, 뚜레쥬르가 1320여 개 점포를 운영하는 한국과 반대다.

최근엔 현지 업체들도 한국식 베이커리 전문점을 모방하고 있다. 하지만 CJ푸드빌의 베트남 진출 초기만 해도 에어컨이 나오는 매장에 앉아 갓 구운 빵을 맛볼 수 있는 곳은 베트남엔 거의 없었다. 대량 생산되는 '양산 빵'에 익숙했던 베트남 소비자들에게 각종 빵과 샐러드, 디저트, 커피 등을 즐길 수 있는 뚜레쥬르의 출현은 신선한 충격을 줬다. 베트남인의 주요 교통수단인 오토바이 무료 발레파킹 서비스와 멤버십 제도를 처음으로 도입한 곳도 뚜레쥬르였다.

뚜레쥬르는 처음부터 프리미엄 전략을 택했다. 중산층 이상을 타깃 고객으로 삼았다. 하이바쭝점엔 요즘도 하루 700~1000명이 방문한다. 한동안 신규점 출점을 자제해온 CJ푸드빌은 내년부터 점포를 늘린다. 중장기적으로 하노이와 호찌민에 50개, 그 이외 주요 도시에 50개 등 100개까지 점포를 확대할 계획이다.

CJ푸드빌 관계자는 "다낭이나 붕타우 지역에서 점포를 열어달라는 요청이 잇따르고 있다"고 말했다.

세계를 무대로! 무대를 품 안에!

18

롯데의 마법… "죽어가던 베트남 다낭·냐짱 공항 면세점 살렸다"

- 한국경제 냐짱 류시훈 기자 2018.12.06.

베트남 파고드는 K유통·K푸드

(3·끝) 질주하는 K면세점

사드 보복에 실적 악화되자 적자 인천공항 사업권 일부 반납

베트남 시장 진출 승부수

"새 공항 면세점, 쇼핑에 최적화"

중국인 매출 90% 달해

다낭·냐짱 내년 매출 1천억 목표…롯데면세점 해외 매출의 20% 예상

다낭에 시내 면세점도 개장 추진

베트남 남동부 휴양도시 냐짱의 관문인 깜란국제공항에서 시내로

가는 약 13㎞ 해안도로 오른쪽은 온통 공사판이다. 한국 중국 러시아 등에서 냐짱을 찾아오는 관광객이 매년 증가하자 세계적인 리조트 업체들이 호텔 빌라 등의 건설에 나섰다. 공사 중인 호텔과 리조트만 10여 곳에 달한다.

베트남 정부는 냐짱을 중부지역 대표 관광지인 다낭에 버금가는 휴양지로 육성하기 위해 올해 6월 깜란국제공항을 개장했다. 국제선과 국내선을 함께 운영했던 기존 공항에서 불과 300m 거리다. 그러면서 신공항 면세점의 독점 운영을 롯데면세점에 맡겼다. 듀프리(스위스)에 이어 세계 면세점 시장 2위인 롯데의 경험을 높이 평가했다.

깜란공항점은 2017년 5월 문을 연 다낭공항점에 이어 롯데가 베트남에서 운영하는 두 번째 면세점이다. 지난달 말 찾아간 깜란공항점의 대형 전광판에서는 로레알그룹의 화장품 브랜드 '입생로랑'의 광고 영상이 흘러나오고 있었다.

중국인 관광객 조우양 씨(44)는 "3년 전에 왔을 때만 해도 국제공항 면세점이라고 할 수 없을 정도로 낙후된 느낌을 받았었다"며 "새 공항 면세점은 시설이 쾌적하고 유명한 화장품과 잡화 브랜드가 많이 들어와 쇼핑하기에 좋다"고 말했다.

"낙후된 국제공항 면세점 살렸다"

롯데면세점은 다낭과 냐짱에서 '죽어가던 면세점 시장을 살렸다'는 평가를 받고 있다. "없던 시장을 창출했다"는 말도 듣는다. 두 도시의 성장 가능성과 현지 정부의 신공항 건설 계획 등을 면밀하게 검토해

운영권을 따냈기 때문이다.

롯데가 베트남 면세점 시장을 두드리기 시작한 시기는 공교롭게도 중국의 '사드(고고도 미사일방어체계) 보복'으로 실적 악화가 본격화한 2016년 하반기부터다. 한국을 찾는 중국인 단체관광객(유커)이 급감하면서 2014년 3900억 원에 달했던 영업이익은 2017년 25억 원으로 쪼그라들었다. 연 1조 원의 막대한 임대료 부담을 떠안아야 했던 인천공항 면세사업권도 자진해 반납할 수밖에 없었다. 여기에 국내 면세점 시장은 사업자 증가와 유커 급감으로 '레드오션'으로 변해가고 있었다.

롯데는 공격적으로 해외시장 진출에 나섰다. 그중에서도 특히 낙후된 공항과 별도로 신(新)국제공항을 짓고 있던 베트남은 롯데면세점엔 '기회의 땅'이었다. 마침 다낭과 냐짱의 기존 공항의 면세 사업자가 새로운 운영 업체를 찾고 있었다. 국제적인 휴양도시에 걸맞은 브랜드를 유치해 면세점을 활성화해줄 업체가 필요했다.

롯데는 현지 파트너사와의 긴밀한 협력을 통해 두 면세점 운영권을 잇따라 거머쥐었다. 2017년 5월 개점한 다낭공항은 올해 약 404억 원의 매출을 올릴 것으로 예상된다. 내년 목표는 470억 원이다. 깜란공항점은 내년에 매출 700억 원을 기대하고 있다. 1170억 원은 롯데면세점 내년 해외 매출 목표의 약 20%에 해당한다.

중국인 매출이 약 90% 차지

다낭과 냐짱 두 면세점의 최대 고객은 중국인 관광객이다. 중국 정부는 자국민의 한국 단체관광을 단계적으로 허용하면서도 롯데면세점 방문은 상품에서 제외하도록 통제하고 있다. 하지만 베트남에서의 상황은 다르다. 냐짱점 매출의 약 90%는 중국인이 차지하고 있다. 지난 10월 냐짱점에서 물건을 구매한 중국인의 거주지는 25개 성 42개 도시로 다양하다. 그 다음이 러시아인(5%), 한국인(4%) 순이다. 올 들어 11월까지 다낭점의 중국인 매출 비중도 약 60%로 가장 크다. 한국인 매출 비중(30%)의 두 배 수준이다.

냐짱을 찾아오는 중국·러시아·한국인 관광객 수는 매년 급증하고 있다. 면세점 사업 전망을 밝게 보는 이유다. 올해 1~10월 깜란공항을 통해 입국한 중국인은 158만 명. 2016년 같은 기간의 63만 명보다 95만 명이나 늘었다. 깜란공항에서 중국 주요 도시로 출국하는 항공만 하루 30여 편에 달할 정도다. 같은 기간 러시아 관광객 수도 26만 명에서 37만 명으로, 한국인은 2만3000명에서 7만9000명으로 크게 늘었다.

김현구 롯데면세점 베트남법인 책임은 "관광객 수 급증의 영향으로 두 곳의 면세점은 개점 첫해부터 흑자를 낼 수 있었다"며 "중국 전 지역에서 관광객이 늘고 있어 실적 전망도 어둡지 않다"고 말했다.

롯데는 베트남에서 면세점 사업을 더 확장한다. 다낭에선 공항점과 별도로 시내 면세점을 상반기에 연다. 수도인 하노이와 호찌민의 면세점 시장에 진출하는 방안도 추진하고 있다.

세계를 무대로! 무대를 품 안에!

19

올해 해외서 한국을 빛낸 브랜드…
'갤럭시' '신라면' '인천공항'

- 한국경제 김재후 기자 2018.12.23.

브랜드스탁, 3만여 명 대상 조사

삼성전자 4개, LG전자·현대차 각각 3개씩 30위권에 들어
참이슬·파리바게뜨도 이름 올려

올해 글로벌 시장에서 한국의 위상을 높인 1위 브랜드로 삼성전자 스마트폰인 '갤럭시'가 선정됐다. 상위 30개 브랜드에 삼성전자가 4개로 가장 많았고, LG전자와 현대자동차가 각각 3개 포함돼 '대한민국 3대 브랜드'의 입지를 재확인했다. 신라면 참이슬 초코파이 등 식품 브랜드들도 대거 상위에 랭크됐다.

23일 브랜드가치 평가회사인 브랜드스탁이 회원 3만여 명, 800개 브랜드를 대상으로 지난 3~21일 '올해 해외에서 대한민국 위상을 빛낸 브랜드'에 대해 설문조사한 결과, 삼성 갤럭시가 100점 만점에 95.15점을 얻어 1위를 차지했다.

이어 삼성전자의 프리미엄 TV 브랜드인 QLED TV와 농심 신라면이 각각 94.95점과 94.62점으로 2, 3위에 올랐다. 인천공항(93.78점), LG V40(93.61점), 제네시스(93.45점), LG TV(93.35점), 대한항공(93.08점), 참이슬(92.83점), 그랜저(92.55점) 등이 '톱10' 명단에 포함됐다.

브랜드스탁이 공개한 30위권 안에 삼성전자(갤럭시, QLED TV, 셰프컬렉션, 무풍에어컨)와 LG전자(V40, LG TV, 휘센) 현대차(제네시스, 그랜저, 쏘나타) 등의 브랜드는 3~4개씩 포함됐다. 브랜드스탁 관계자는 "올해 수출이 작년에 이어 사상 최대치를 기록할 것으로 전망되는 가운데 삼성 LG 현대차가 한국의 수출을 이끌고 있는 현실이 반영된 것 같다"고 분석했다.

올해 조사에선 국내 식품 브랜드가 30위권 안에 대거 포함돼 눈길을 끌었다. 신라면이 전체 3위에 올랐고 하이트진로의 참이슬(9위), 오리온 초코파이(11위), 파리바게뜨(16위), 박카스(27위) 등이 상위권에 이름을 올렸다. 수출 단가가 높지 않아 총 수출 규모는 크지 않지만 한류 바람을 타고 국내 식품 브랜드들이 'K푸드'란 이름으로 해외에서 선전하고 있다는 분석이다. 설화수(12위)도 'K뷰티'를 이끌며 상위에 랭크됐다.

금융 업종에서는 미래에셋대우(23위), 신한카드(26위), 국민은행(28위) 등이, 정보통신 브랜드 중에서는 네이버(15위)와 카카오톡(21위)이 상위권이었다.

브랜드스탁 관계자는 "대한민국 톱 브랜드들은 국내뿐 아니라 글로벌 시장에서도 두각을 나타내고 있는 것으로 조사됐다"며 "제조업 위주에서 정보통신, 금융, 식품, 면세점과 호텔 등으로 다양해지고 있다"고 설명했다.

20

'수출 전사'된 천안 포도 농민들

- 한국경제 천안 FARM 홍선표 기자 2019.01.25.

천안포도수출유통센터 소속 50개 농가

2014년 FTA로 수입제품 늘어나자

공공기관 통하지 않고 직접 수출길 모색

신선도 무기로 까다로운 中시장 뚫고

1년 농사과정 보여주며 캐나다 공략

작년 美·中·캐나다·뉴질랜드에 75t 수출

2017년 말 캐나다 밴쿠버에 있는 농산물 유통회사 오피 본사를 일곱 명의 한국 중년 남성들이 방문했다. 박용하 봉도월포도원 대표(54) 등 충남 천안 성거읍 일대에서 포도 농사를 짓는 농민들이었다. 오피 측에선 월트 브리든 부회장이 나왔다. 계약 단계가 아닌 첫 만남에서 부회장급 임원이 나오는 건 드문 일이다. 1858년 설립된 오피는 캐나다 최대 규모의 농산물 전문 유통회사로 세계 20여 개국에서 농산물

100여 종을 사들여 캐나다와 미국의 대형마트 등에 공급하고 있다.

브리든 부회장은 "보통 외국 농민들이 찾아올 때 팔고 싶은 농산물만 갖고 찾아온다"며 "계약도 안 맺은 상태에서 1년 동안의 모든 생산 과정을 사진과 함께 영어로 꾸준히 보내온 건 당신들이 처음"이라고 말했다.

박 대표와 그가 센터장을 맡고 있는 천안 포도수출유통센터에 속한 농민들은 한국 농업계에선 보기 드문 '수출 전사'로 꼽힌다. 공공기관 등을 통하지 않고 농민들이 직접 수출길을 뚫은 점에서 그렇다. 지난해 이 센터가 미국, 캐나다, 중국, 뉴질랜드 4개국에 수출한 포도는 75t에 달한다. 천안 포도영농조합 소속 50여 개 농가가 연간 생산하는 물량의 10%를 넘는다. 한국보다 포도 생산량이 훨씬 많은 이들 국가에 농민이 주축이 돼 대량 수출을 이끌어낼 수 있었던 비결은 뭘까.

이들이 수출을 본격 검토하기 시작한 건 2014년 무렵이다. 천안시 성거읍과 입장면은 국내 거봉 포도의 주산지다. 칠레, 미국 등과의 자유무역협정으로 수입 포도가 크게 늘어나면서 국산 포도의 설 자리는 점점 좁아졌다. 전국 포도농 모임인 한국포도영농조합 대표도 함께 맡고 있는 박 대표는 '수출이 답'이라는 결론을 내렸다.

"포도를 수출한다고 하니까 처음에는 주변 사람들이 황당하다는 반응이었어요. 포도가 안 나는 나라도 아니고 우리보다 포도를 더 많이, 더 잘 키우는 나라에 포도를 수출한다는 게 말이 되느냐는 거였죠."

세계를 무대로! 무대를 품 안에!

박 대표의 생각은 달랐다. "농산물 수출은 농가에 다른 이득도 생깁니다. 국내 유통물량이 줄어들면서 그만큼 국내 가격이 안정되는 겁니다. 특히 농산물 가격은 공산물과 달라 유통물량이 약간만 공급 초과해도 가격이 절반 이하로 폭락하는 구조입니다."

박 대표와 천안 농부들은 해외 시장 조사에 직접 나섰다. 중국 광저우 농산물 도매시장을 비롯해 주요 과일 유통시장 여섯 곳을 연이어 찾아갔다. "중국에선 해볼 만하다는 생각이 들었습니다. 천안 포도를 가까운 평택항을 통해 상하이로 보내는 게 중국 내륙에서 운송하는 것보다 물류비가 적게 들겠더라고요. 중국에선 포도를 주로 서부 내륙에서 키워요. 이 포도를 트럭으로 1주일 넘게 운반해서 광저우 도매시장에 갖다 놓은 뒤 다시 상하이 같은 대도시 마트로 팔더라고요. 천안 포도는 하루, 이틀이면 상하이 마트에 갖다 놓을 수 있으니까 신선도나 물류비 면에서 승산이 있다고 봤습니다." 수출을 미리 준비한 터라 중국의 한국 포도 수입 허용 직후인 2015년 8월 바로 25t을 수출하는 데 성공했다.

박 대표와 농민들은 한번 뚫은 수출을 지속하기 위해 시스템 구축에 들어갔다. 저장시설과 선별시설을 갖춘 포도수출유통센터는 그런 노력을 통해 갖춰졌다. "중국이라고 하면 농산물 검역기준이 선진국보다 낮을 거라고 생각하는데 수출하고 있는 미국, 중국, 캐나다, 뉴질랜드 네 나라 중 검역기준이 가장 높습니다."

미국 등 선진국으로 눈을 돌린 건 2017년 중국의 한국 기업에 대한 '사드(고고도 미사일방어체계) 보복'이 계기가 됐다. 당시 중국 시장의 대안으로 다들 동남아시아 시장을 거론할 때 천안 농민들은 북미 시장을 떠올렸다. 한국의 다른 과수 농가들과의 경쟁을 피하기 위한 것이었다. 미국과 캐나다의 주요 도시를 돌며 포도 품종별 가격을 일일이 조사했다. 이어 오피를 통해 수출시장을 뚫자는 데 의견을 모았다. 자신들이 농사짓는 모든 과정을 한 달에 한두 차례씩 사진과 함께 영문으로 작성해 오피에 보냈다. 박 대표는 "그쪽에서 읽든 말든 상관없이 1년 동안 꾸준하게 보냈다"고 말했다.

　박 대표가 포도 농사에 뛰어든 것은 1994년이다. 대학에서 토목공학을 전공한 뒤 건설회사에서 엔지니어로 일했다. 과장이던 1994년 농사를 짓던 부모와 형이 교통사고를 당하면서 농사지을 사람이 없게 되자 자의 반 타의 반으로 귀농을 결심했다. 현재는 2만6400㎡(약 8000평) 규모 비닐하우스에서 포도 농사를 짓는다. 25년간 포도 농사만 지으면서 농민으로서는 드물게 단독으로 수출길을 뚫은 공로를 인정받아 지난해 말 농촌진흥청이 뽑은 '2018 대한민국 최고농업기술명인'으로 선정됐다.

21

美서 힘들다던 간이식
수술 성공한 송기원 교수팀

- 한국경제 임유 기자 2019.02.25.

美병원서 회복 장담 못해 거부한 간경화 환자의 생체 간이식 수술
스탠퍼드대병원이 아산병원 추천
대수술 성공…"韓 의료수준 인정"

"환자를 처음 의뢰받았을 때 결과를 장담할 수 없었지만 환자와 가족의 치료 의지가 워낙 강했습니다. 저희 의료진을 믿고 치료 과정을 잘 따라준 덕분에 좋은 결과를 얻을 수 있었습니다."

송기원 서울아산병원 간이식·간담도 외과 교수(48)가 이끄는 간이식팀이 미국 스탠퍼드대병원이 치료하지 못한 간경화 환자의 생체 간이식 수술에 성공했다고 25일 밝혔다. 이번 수술은 스탠퍼드대병원 의뢰로 이뤄졌다. 이승규 서울아산병원 석좌교수는 "미국 10대 병원으로 손꼽히는 스탠퍼드대병원이 한국 의료 수준을 인정해 환자를 믿고 맡겼다는 사실이 고무적"이라고 했다.

실리콘밸리에서 소프트웨어 엔지니어로 일하는 찰스 칼슨 씨(47)는 2011년 간경화와 골수이형성증후군을 진단받았다. 그는 스탠퍼드대병원에서 항암치료를 10회 이상 받았지만 간 기능이 나빠져 더 이상 치료받을 수 없게 됐다. 이에 미국 장기이식 네트워크에 뇌사자 간이식 대기자로 이름을 올렸다.

문제는 긴 대기시간이었다. 차례가 오지 않아 항암치료를 이어가기 힘들었던 탓에 상태는 갈수록 나빠졌다. 대안은 살아있는 사람의 간 일부를 기증받는 생체 간이식뿐이었다. 그러나 그가 찾은 대부분 간이식센터에서는 골수이형성증후군 때문에 수술 후 회복을 장담할 수 없다며 수술을 거부했다.

그러던 중 스탠퍼드대 의과대학 관계자가 그에게 서울아산병원을 추천했다. 송 교수에게 직접 환자를 부탁하는 이메일도 보냈다. 칼슨 씨는 지난해 11월 한국을 찾아 첫 진료를 받았다. 당시 복수가 많이 차고 수차례의 항암치료로 기력이 쇠약해진 상태였다. 송 교수는 "어려운 케이스였던 만큼 혈액내과와 협의해 수술 및 수술 후 치료 계획을 치밀하게 세웠다"고 했다.

한 달 뒤 칼슨 씨 부인의 간 일부를 환자에게 이식하는 수술이 이뤄졌다. 송 교수는 "보통 생체 간이식 수술은 10시간가량 걸리는데 이번 수술은 18시간이 걸렸다"며 "엄청난 양의 수혈이 이뤄지는 등 고도의 집중력과 고난도의 기술을 요구하는 어려운 수술이었다"고 했다.

수술을 성공적으로 마친 뒤 환자는 이달 중순부터 중환자실에서 일반 병실로 옮겨져 회복 기간을 보냈다. 간 기능이 회복된 칼슨 씨는 다시 항암치료를 받기 위해 25일 미국으로 돌아갔다.

송 교수는 생체 간이식 수술의 세계적 권위자로 꼽힌다. 부산대 의과대학을 나온 그는 2004년 서울아산병원 전임의가 되면서 생체 간이식 수술에 참여했다. 2011년 간이식·간담도 외과 교수로 임용됐다. 그가 이끄는 서울아산병원 간이식팀은 지난해 8월 세계 최초로 생체 간이식 수술 5000건을 달성했다. 환자와 공여자의 혈액형이 다른 간이식 수술 건수도 세계 최다인 572건이다. 이 병원의 간이식 1년 생존율은 97%, 5년 생존율은 87%로 각각 89%, 70%인 미국보다 높다. 서울아산병원은 2009년부터 간질환 사망률이 높은 몽골과 베트남에 생체 간이식 기술을 전수하는 '아산 인 아시아 프로젝트'도 벌이고 있다.

22

'한류 흑자' 역대 최대치 찍었다…
'게임·K팝'의 힘

- 한국경제 한경닷컴 뉴스룸 2019.03.02.

지난해 게임과 K팝 등 한국의 문화 콘텐츠 영향력에 힘입어 역대 최대의 한류 흑자를 기록했다.

2일 한국은행 경제통계시스템에 따르면 지난해 국제수지에서 한류 관련 수지는 24억3000만 달러 흑자로 전년보다 73% 증가했다. 2017년 고고도 미사일 방어 체계(THAAD·사드) 배치 관련 중국과 갈등 여파로 14억 달러로 주춤했던 것에 비하면 무려 10억 달러가 넘는 차이를 보인 것이다.

지난해엔 특히 게임 수출과 관련된 통신·컴퓨터·정보서비스수지가 21억1000만 달러로 전년(11억3000만 달러)의 두 배 가까이로 급증했다. 국내 대형 게임 회사들이 해외에서 거둔 실적이 큰 힘이 됐다.

게임 관련 수지는 2013년 3억3000만 달러에서 2014년 9억7000만 달러로 거의 세 배로 뛰었다. 2015년에 7억 달러로 주춤했다가 2016년 9억9000만 달러, 2017년 11억3000만 달러로 늘었다.

K팝 음원이나 영화·TV프로그램 판권, 콘서트 수입 등과 관련된 음향 영상 및 관련 서비스 수지는 지난해 3억2000만 달러 흑자로 전년(2억8000만 달러)보다 소폭 늘었다.

23

한국 배스킨라빈스의 힘!···
아이스크림 케이크, 中東을 녹이다

- 한국경제 김보라 기자 2019.03.04.

중동도 배스킨라빈스 있는데···
한국 아이스크림 케이크 직수입

한국 배스킨라빈스가 만드는 아이스크림 케이크가 중동 지역에서 인기몰이를 하고 있다. 지난해 배스킨라빈스가 중동에 수출한 아이스크림 케이크는 약 38만 개, 130여억 원(소비자가 기준) 규모로 최대 실적을 기록했다. 2009년 첫 수출한 이래 매년 연평균 28%의 성장을 지속하고 있다.

수출국은 아랍에미리트, 사우디아라비아, 쿠웨이트, 카타르, 바레인, 오만 등 6개국이다. 수출 품목은 총 13종이다. 배스킨라빈스는 50여 개국에 진출해 있는 글로벌 브랜드다. 하지만 정교한 아이스크림 케이크를 공장에서 양산할 수 있는 법인은 한국 배스킨라빈스가 유일하다.

배스킨라빈스를 운영하는 SPC그룹은 "1987년 독자 기술로 국내 최초 아이스크림 케이크를 만들었고, 이후 기술 발전을 거듭해 미국 본사에 역수출한 성과도 있다"며 "더운 날씨로 아이스크림 소비가 많은 중동 지역은 10년째 고성장하는 시장"이라고 말했다.

한국법인, 세계 최고 수준의 양산 능력

배스킨라빈스는 미국 던킨브랜즈가 보유한 글로벌 브랜드다. 허영인 SPC그룹 회장이 1985년 합작회사인 비알코리아를 설립하며 한국에 들여왔다. 비알코리아는 현재 SPC그룹이 지분 66.67%를 보유하고 있다. 허 회장은 1986년 서울 명동 1호점을 내면서 사업을 시작했지만 당시 슈퍼마켓에서 팔던 아이스크림보다 가격이 2~3배 비싸 잘 팔리지 않았다. 성수기와 비수기도 뚜렷했다.

비알코리아는 1987년 '아이스크림 케이크'와 '아이스크림 샌드위치' 등 비수기를 극복할 제품을 잇따라 내놨다. 이후 10년간 기술 개발에 몰두했다. 1996년 음성공장을 신축해 아이스크림 케이크 옆면에 초콜릿이 흘러내리는 '인크레더블 케이크'를 개발, 아이스크림 케이크의 대중화를 이끌었다.

1996년 연간 40만 개였던 아이스크림 케이크 판매량은 5년 만에 연간 200만 개로 급증했다. 아이스크림 케이크 개발은 배스킨라빈스의 성수기도 바꿔놓았다. 생일 등 기념일과 연말 행사의 필수 아이템으로 자리잡으며 1년 내내 잘 팔리는 제품이 됐다. 크리스마스가 있는 12월 판매량이 무더운 7~8월보다 많을 정도다.

'일부다처제' 등 대가족 문화도 영향

2009년 시작된 중동 수출은 한국 배스킨라빈스가 보유한 세계 최고 수준의 기술력 덕분이다. 통상 공장에서 얼음처럼 딱딱한 아이스크림 덩어리를 자를 때 칼날이 휘거나 부러질 수 있다. 배스킨라빈스 연구진은 특수 커팅 칼날과 미끄럼 방지 장치 등을 개발했다. 높은 수압으로 영하 20도의 아이스크림 덩어리를 순간적으로 정교하게 잘라내는 기술인 '워터컷'도 2011년 한국 배스킨라빈스가 자체 개발했다. 이 기술로 조각 케이크를 여러 개 잘라 구성한 '와추원 케이크'는 출시한 달 만에 30만 개가 팔렸다. 미국 본사와 중국, 중동 등에서도 수입 요청이 쇄도했다.

중동에 수출하는 아이스크림 케이크는 한국의 음성공장에서 제조돼 완제품 형태로 수출된다. 일반 냉동 컨테이너보다 더 낮은 영하 40도 이하의 온도를 유지하는 특수 냉동 컨테이너 '매그넘 리퍼 컨테이너'로 운송한다.

중동에서 아이스크림 케이크가 잘 팔리는 이유로는 날씨 이외에 일부다처제로 인한 대가족 문화도 꼽힌다. 1년 내내 생일파티 등이 끊이지 않고, 1회 구매 때 대형 케이크를 찾는 수요가 많다는 게 업계의 설명이다. 이에 맞춰 비알코리아는 국내 표준 제품보다 크기가 약 30% 이상 큰 대형 아이스크림 케이크도 개발해 수출하고 있다. 캐러멜과 각종 너츠 등 현지인의 입맛에 맞는 클래식한 맛에 세련된 디자인을 입힌 것도 중동 매출이 증가하는 배경이다.

'마크롱의 IT브레인' 한국계 2세, 프랑스 장관 됐다

- 조선일보 파리 손진석 특파원 2019.04.02.

한국인 아버지 둔 세드리크 오, IT·AI·스타트업 등 新산업 총괄
마크롱 대통령 당선 이후 보좌

프랑스에서 한국계 2세인 30대 청년이 장관으로 임명됐다. 에마뉘엘 마크롱 대통령은 지난 31일(현지 시각) 부분 개각을 단행해 세드리크 오(37, 한국명 오영택) 대통령실 경제보좌관을 디지털경제부 장관으로 임명했다. 디지털경제부 장관은 IT(정보통신), AI(인공지능), 스타트업 등 신(新)산업 분야를 총괄한다.

세드리크의 아버지는 국방과학연구소에서 근무하다가 1978년 프랑스 리옹으로 유학간 오영석(71) 씨다. 오 씨는 1980년 프랑스 여성과 결혼해 세드리크와 딸 델핀(34, 한국명 오수련)을 낳았으며, 남매는 쭉 프랑스에서 자랐다.

세드리크는 2011년 프랑수아 올랑드 전 대통령의 대선 캠프에서 마크롱을 동료로 만나 친분을 다져왔다. 2017년 마크롱이 대통령에 출마했을 때 세드리크는 대선 캠프의 회계 총책임자로 일했고, 이후 대통령실에서 마크롱을 지근 거리에서 보좌해왔다. 그는 세 살 난 아들 갸롱스(한국명 오성식)를 마크롱의 엘리제궁 집무실에 데리고 가서 함께 시간을 보낼 정도로 가까운 측근이다.

세드리크는 마크롱이 마크 저커버그 페이스북 최고경영자(CEO), 사티아 나델라 마이크로소프트 CEO, 손영권 삼성전자 최고전략책임자(사장) 등 IT 업계 거물을 만나도록 자리를 주선한 인물로 알려져 있다. 마크롱이 지난해 발표한 'AI 최강국 정책'도 그의 작품이다. 세드리크는 "(장관에 임명돼) 자부심을 느끼고 있고 대통령과 총리가 신임을 보여줘 고맙게 생각한다. 프랑스를 디지털화하는 일을 내일부터 시작한다"고 트위터에 썼다.

경영학 분야 명문 그랑제콜인 HEC(고등상업학교) 출신인 세드리크는 스물네 살이던 2006년 도미니크 스트로스-칸 전 IMF(국제통화기금) 총재의 대선 캠프에서 일하며 정치권에 관심을 두기 시작했다. 이후 3년간 한 중소기업에서 일했으며, 올랑드 대통령 당선 이후에는 재무장관을 지낸 피에르 모스코비시 현 EU(유럽연합) 경제분과위원장의 입법보좌관으로 근무하며 경력을 쌓았다.

세드리크뿐 아니라 여동생인 델핀도 프랑스 하원 국회의원으로 활약하고 있어 프랑스 정·관계에서 이들 한국계 남매를 모르는 사람이 거의 없을 정도다.

서울에서 살고 있는 남매의 아버지 오영석 씨는 "남매가 어릴 적 한국 명절마다 한복을 입혀 한국인의 피가 흐른다는 것을 잊지 않도록 가르쳤다"고 했다. 남매는 둘 다 대학생 시절 서울에 와서 한국어를 배웠고, 한국어를 대부분 이해한다고 한다. 세드리크 오의 아내는 프랑스인이며, 파리 시내의 대형 식당에서 총지배인으로 일하고 있다.

프랑스 정부의 한국계 장관은 전례가 있지만 모두 입양아 출신이었다. 플뢰르 펠르랭(46, 한국명 김종숙) 코렐리아캐피털 대표가 올랑드 대통령 재임 시절 중소기업·디지털경제부 장관과 문화부 장관을 지냈다. 장 뱅상 플라세(51, 한국명 권오복) 씨도 올랑드 시절 국가개혁 담당 장관을 지냈다.

5대양 거친 파도 헤치며 水産제국 일구다…
'50년 선장' 김재철의 아름다운 퇴장

- 한국경제 김용준 생활경제부장 2019.04.17.

경영 일선서 전격 은퇴

어선 1척·선원 3명으로 창업
세계 최대 수산회사 꿈 이뤄
"이젠 무거운 짐 내려놓고 응원"

1934년 전남 강진에서 농부의 아들로 태어난 김재철. 공부에 재능이 있던 그였다. 하지만 고3 때 선생님의 한마디에 인생 항로를 바꿨다. "나 같으면 바다로 가겠다."

그는 무한한 가능성이 있는 곳으로 향했다. "고작 뱃놈이 되겠다는 것이냐"는 아버지의 호통을 뒤로하고 부산으로 갔다. 수산대(현 부경대)에 입학했다. 그곳에서 수많은 청춘이 배를 타다 영원히 바다로 가버렸다는 얘기도 들었다. 하지만 흔들리지 않았다. 최초의 원양어선

지남호가 출항한다는 얘기를 듣고 배에 몸을 실었다. "죽어도 좋다"는 각서를 쓴 채. 대학을 졸업한 청년 김재철은 선장이 됐다. 삶과 죽음의 경계를 넘나드는 항해를 시작했다. 일본 배를 빌려 세계의 바다를 누볐다. 참치를 잡으며 생각했다. '언젠가는 저들을 넘어서리라.'

그는 다른 뱃사람들과 달랐다. 배에서도 책을 끼고 살았다. 고기 잡는 법을 연구하고 메모했다. 참치를 잘 잡은 그는 '캡틴 JC KIM'으로 불렸다. 1969년 4월 원양어선 한 척, 선원 세 명과 함께 회사를 차렸다. 동원산업이었다. 김재철 동원그룹 회장은 이후 수십 년간 참치, 바다와 함께했다. 그는 말했다. "숨 가쁘게 달리다 돌아보니 꿈꾸던 대로 '세계 최대 수산회사'가 돼 있었다." 그의 사업은 수산업에 머물지 않았다. 1980년대 초 그는 미국에서 연수를 하다 금융산업에서 또 다른 미래를 발견했다. 한국으로 돌아온 그는 1982년 한신증권을 인수, 증권업도 시작했다. 한국투자금융그룹의 출발이었다.

16일 동원산업 창립 50주년 기념식이 경기 이천 연수원에서 열렸다. 기념사를 하던 그는 말했다. "이제 무거운 짐을 내려놓겠습니다." 장내는 조용해졌다. 그룹 회장의 은퇴 선언이었다. 하지만 일반 선장의 은퇴식과 다르지 않았다. 오래전 함께하던 뱃사람들 그리고 직원들과 사진을 찍는 것이 끝이었다. 참치왕, 재계의 신사, 21세기 장보고로 불린 김재철 선장은 50년 짊어진 파도 같았던 짐을 내려놓고 자연인으로 돌아갔다.

5장

역사

나라사랑

민족주체성

1

"불법 조업 외국 어선 폭파"…
인도네시아 바다 지키는 '센 언니'

- 조선일보 이기훈 기자 2017.08.19.

수시 印尼 해수부 장관

인도네시아 해군은 8월 17일(현지 시각) 불법 어로 행위로 나포된 외국 어선 71척을 바다에 침몰시켰다. 여기에는 중국과 어업권 분쟁이 벌어지고 있는 나투나 해역에서 나포한 중국 어선 3척도 포함됐다. 인도네시아 정부는 이 중국 어선을 바다에 가라앉혀 인공 어초로 활용하겠다고도 했다.

파이낸셜타임스(FT) 등 외신은 이런 대중(對中) 강경책을 주도하고 있는 인물이 '중졸 출신 여(女)장관' 수시 푸지아투티(51) 해양수산부 장관이라고 보도했다.

中卒의 자수성가 사업가 출신
"관료 규범 적응 빼고는 다 잘해"

2014년 10월 해수부 장관직을 맡은 수시는 취임 일성으로 "불법 조업을 용납하지 않겠다"고 선언했다. 이후 불법 조업으로 나포된 외국 어선을 폭파시키는 '퍼포먼스'를 시작했고 지금까지 170여 척을 폭파·침몰시켰다. 폭파 장면을 TV로 생중계하기도 했다. 수시는 지난달 "먼저 도둑질한 것은 중국 배다. 어느 나라 배든 예외는 없다"고 말하기도 했다.

불법 조업을 하는 중국 등 외국 선박 170여 척을 폭파·침몰시켜 인도네시아 국민들에게 인기를 얻고 있는 수시 푸지아투티 해양수산부 장관. 트위터

주변국들은 "국제법 위반"이라며 반발하지만, 인도네시아 어민들의 반응은 뜨겁다. 몰루카 제도의 한 어민은 "수시 장관 취임 후 외국 어선이 부쩍 줄어 어획량이 1.5배 가까이 뛰었다"며 "'마담 수시 효과'가 나타난 것"이라고 했다.

그는 독특한 이력과 스타일로 주목받았다. 외신들은 "문신을 새기고 줄담배를 피우며 선글라스를 즐겨 쓰는 장관"(FT) "관료 사회의 규범에 적응하는 것 빼고 뭐든 잘한다"(월스트리트저널)고 평가했다. 조코 위도도 대통령도 "수시는 '미친(crazy)' 사람이지만 혁신하려면 그런 사람이 필요하다"고 했다.

화려한 패션도 유명하다. 특히 오른발 정강이 부위에 있는 파란색 새 모양 문신이 화제를 모았다. 장관 취임 초기에는 긴 치마나 바지로 가렸지만 몇 달 지나지 않아 "답답해서 못 참겠다"며 문신을 공개했다.

1965년 자바 섬에서 태어난 수시는 고교 시절 수하르토 독재정권에 항의하다 졸업장을 받지 못하고 중퇴했다. 이후 해산물 경매장에서 일하다 1996년 해산물 유통업체를 창업해 사업가로 성공했다. 2004년 12월 22만 명 이상이 사망한 수마트라 지진해일(쓰나미) 당시에는 자신이 경영하는 해산물 운송 항공사의 항공기를 투입해 인명구조에 나서기도 했다

세계를 무대로! 무대를 품 안에!

2

'인구 2만' 팔라우는
中 '단체관광 금지' 위협에 정면으로 맞섰다

- 조선일보 한상혁 기자 2018.01.01.

中의 '대만 단교' 압박에 "우린 민주주의 국가" 일축

인구가 2만여 명에 불과한 태평양의 관광국 팔라우가 "유커(遊客·중국인 관광객)의 단체 관광을 중단하겠다"며 대만과의 단교를 요구하는 중국의 압박에 정면으로 맞서고 있다.

31일(현지 시각) 파이낸셜타임스에 따르면 토미 레멩게사우 팔라우 대통령의 대변인 올커리일 카즈오는 "팔라우는 법치국가이자 민주주의 국가다. 우리의 결정은 우리가 스스로 내린다"며 중국이 팔라우에 요구하는 대만과의 단교를 거부했다.

중국은 지난달 자국 여행사들이 단체관광객 모집 광고를 낼 수 없는 여행지 명단에 팔라우를 포함시켰다. 팔라우와 대만의 외교 관계를 끊으려는 압박의 일환이다.

중국은 2016년 대만 독립을 주장하는 민진당 차이잉원(蔡英文) 총

297

통이 당선된 후 대만과 국교를 맺은 나라를 대상으로 다양한 압력을 가하고 있다. 팔라우는 그럼에도 대만과 외교 관계를 유지하는 20여 개 국가 중 하나다.

팔라우는 필리핀 동쪽 남태평양에 있는 인구가 2만1500명에 불과한 작은 섬 나라다. 관광업 비중이 2015년 국내총생산(GDP)의 절반 이상을 차지할 정도로 관광산업에 의존하고 있다.

팔라우. 구글 지도

하지만 팔라우는 "중국이 승인한 여행지 명단에서 팔라우를 제외해봤자 우리나라에 어떤 영향도 미치지 않는다"며 중국의 압박에 정면으로 대응했다.

이런 대응에도 불구하고 중국 단체 관광이 금지에 따른 팔라우의 피해는 사드(THAAD·고고도미사일방어체계) 배치에 따른 보복으로 한국 단체관광상품 판매 금지령을 내렸을 때 우리나라가 받은 피해보다 훨씬 심각할 것이라는 관측이 나온다.

딜메이 루이자 올커리일 대만 주재 팔라우대사는 "중국인 방문객 수가 갑자기 줄면 관광업은 당연히 피해를 받을 것"이라며 "실제로 중국인 관광객들이 방문하지 않으면 이를 의식할 수밖에 없다"고 말했다.

팔라우는 중국인 관광객 급감에 대비해 시장을 다변화해 나가겠다는 계획인 것으로 전해졌다.

3

일본이 말한다 "이순신은 세계 제1의 *海將*"

- 조선일보 이한수 기자 2018.05.05.

일본해군, 이순신 전략 철저 분석 "적장이지만 위대했다" 평가
교과서에 '이순신에 敗戰' 언급 "실존했다는 자체가 기적인 군인"

1905년 5월 27일 일본해군 소위 가와다 이사오는 쓰시마 바다에서 러시아 발트함대와 해전(海戰)을 앞두고 조선 수군 제독 이순신을 떠올렸다. 훗날 가와다 소위는 이때 경험을 토대로 쓴 소설에 적었다. "세계 제1의 해장(海將)인 이순신을 연상하지 않을 수 없었다. 그의 인격, 전술, 발명, 통제술, 지모, 용기…. 어느 한 가지 상찬하지 않을 것이 없다. 마음속에 '순신, 순신'이라고 부르며 통증을 견뎌내는 용기를 끌어올렸다. 순신의 이름은 아픔을 치유해주는 힘이 되었다."

일본군 장교가 300년 전 적군인 조선의 장수를 떠올리며 힘을 얻었다는 아이러니는 어떻게 벌어진 일일까. 일제강점기 진해 주둔 일본 해군은 매년 통영에 있는 이순신 사당 충렬사를 찾아 제사를 지냈다고 한다. 정작 조선에서는 이순신에 대한 관심이 사라진 때였다. 독립운동가 박은식은 일제강점기인 1915년 "우리가 어찌하여 여기에 이르렀나? 우리 인민이 이순신을 잊어버렸기 때문이다"('이순신전')고 한탄했다.

근대 일본에서 이순신을 다룬 첫 전기 저작은 1892년 '조선 이순신전'이다. 저자 세키 고세이는 '징비록' 등 조선 자료를 주로 참조해 책을 썼다. 그는 "제국 해군이 임진·정유 두 전쟁을 되풀이해서는 안 된다"면서 "세계의 경쟁에 발을 들여놓으려면 해군부터 진흥시켜야 한다"고 적었다.

일본은 참패한 과거를 딛고 다시 일어서야 한다고 자각했다. 1902년 해군대학 교재 '일본제국해상권력사강의'는 이순신의 인품과 전략을 자세히 서술한다. "이순신은 13척의 선대를 지휘하여 조류를 이용해 포화를 퍼붓고 독전하여… 아군은 해상권을 잃어버렸기 때문에 육군은 더욱 어려워졌다."

저자 오가사와라 나가나리 교관은 "이순신은 호담활달함과 동시에 정세치밀한 수학적 두뇌도 갖춰 전선 제조법, 진열의 변화, 군략과 전술에 이르기까지 모두 개량해나갔다"고 평가했다.

쓰시마 해전을 승리로 이끈 도고 헤이하치로의 'T자 전술'은 이순신의 학익진과 닮았다. 그러나 도고가 이순신이나 학익진을 언급한 적은 없다. 이순신에 대해 "영국 넬슨보다 훌륭한 군신(軍神)"이라고 말

세계를 무대로! 무대를 품 안에!

했다는 1964년 잡지 기사가 있지만 사실 여부는 확인되지 않는다. 패전 이후 일본 국민작가 시바 료타로는 다시 이순신에 주목했다. 그는 소설 '언덕 위의 구름' 등에서 "병사를 거느리는 재능과 전술 능력, 그리고 충성심과 용기를 볼 때 실존했다는 것 자체가 기적이라고 생각될 정도의 군인"이라고 썼다. 지금도 일본 교과서는 임진왜란 서술에서 대부분 이순신을 언급한다.

일본인도 존경하는 장군이니 더 자랑스럽다는 게 아니다. 적군인 이순신의 전략을 분석한 저들의 치밀함에 놀라고, 우리는 과연 상대의 전략을 제대로 파악하고 있는지 우려하게 된다.

"한반도 정세는 중국과 일본, 서구가 각축하던 때와 비슷하다. 남북은 갈라져 있고, 북한 핵문제가 북·미 정상회담으로 완전히 해결될지 미지수여서 당시보다 상황이 훨씬 심각하다." 저자는 "치욕의 역사를 반복하지 않기 위해서"라고 집필 이유를 밝혔다.

[일본이 본 임진왜란, 구체적 海戰 상황… 함께 읽으면 좋을 책]

일본이 본 임진왜란을 연구한 선구적 저술로 '그들이 본 임진왜란'과 '그림이 된 임진왜란'(이상 학고재)이 있다. '교감·해설 징비록'(아카 넷)은 일본·중국으로 전파돼 베스트셀러가 된 '징비록'의 위상과 중 요성을 알려준다.

'천문과 지리 전략가 이순신'(시루)은 이순신의 발자취를 따라 남해 안 구석구석을 20년간 300여 차례 답사하고 당대의 현장을 복원한 노작(勞作)이다.

'임진왜란 해전사'(청어람미디어)는 이순신 함대의 전술, 실제 전투 상황을 자세히 서술한다. 전기 저작으로는 '이순신 평전'(책문)이 있다. 주요 사건을 중심으로 이순신의 인품과 전략을 꼼꼼히 드러 낸다.

일본 역사학자 기타지마 만지의 '도요토미 히데요시의 조선 침략'(경 인문화사)도 역사적 사실을 충실히 서술했다.

세계를 무대로! 무대를 품 안에!

4

[이 아침의 인물] 독립운동가 이회영

- 한국경제 홍윤정 기자 2018.11.16.

경제와 문화의 가교 한경

일제의 침탈이 본격화되자 독립운동에 뛰어들었다. 신민회 창설멤버로 참여했고, 신(新)문물을 가르치고 항일 민족교육을 하는 기관인 서전서숙을 세웠다. 1910년 한일병합조약이 체결되자 여섯 형제와 그 가족들을 이끌고 만주로 갔다. 전 재산을 모두 팔아 마련한 40만 원은 독립운동 자금으로 사용했다. 이 자금을 현재 가치로 따지면 600억 원 이상일 것으로 추정된다. 1911년에는 만주에 신흥무관학교를 세워 독립군을 양성했다.

그는 1931년 조선 무정부주의자 조직인 항일구국연맹과 비밀행동 조직인 흑색공포단을 조직해 일본 관료들을 위협했다. 1932년 다롄으로 이동하던 중 일본 경찰에 체포됐다. 60대 노인이던 그는 모진 고문을 이기지 못하고 그해 11월17일 순국했다. 공교롭게도 그가 세상을 떠난 날은 을사조약이 체결된 지 정확히 27년이 되는 날이었다. 이회영 형제 중 5형제가 독립운동 과정에서 순국했다.

○

5

험난했던 근대사에서 교훈을 얻어야

- 편집인 허대조

역사가 쉬지 않고 흐르듯, 일제강점기의 아픈 역사는 광복과 함께 73년 세월이 흘렀습니다. 포성(砲聲)이 멎은 지도 65년이 지났건만 상처가 언제쯤 아물지 기약이 없습니다.

강점기의 시대적 산물인 남북분단, 뒤이은 6·25 전쟁이란 동족상잔의 비극, 이로 인한 이산가족의 고통으로 우리는 미증유의 민족적 시련을 겪고 있습니다.

조선 말 격동과 파란의 세월 속에 살길을 찾아 북부 변경 농민들을 비롯한 많은 백성들이 고향을 등지고 강 건너 동북 3성으로 떠난 피눈물 나는 유랑생활을 살펴보고, 일제 강점기에 조국을 위해 목숨 바친 순국선열들을 기리고 추모하는 일은 우리 후손된 도리일 것입니다.

오늘의 한반도를 둘러싼 국제정세는 조선 말 세계열강의 각축장이었던 그 당시를 방불케 합니다.

세계를 무대로! 무대를 품 안에!

또다시 아픈 역사가 반복되지 않도록 험난했던 우리 근대사에서 교훈을 얻어야 하겠습니다. 그 일환으로 상해 임시정부와 독립운동의 발자취에 관해 간단히 살펴보고자 합니다.

수많은 애국선열들이 독립운동 전선을 질주하면서, 전폐유리*(顚沛流離)의 고비를 수없이 넘나들면서, 적의 총탄에 맞은 혈흔(血痕)이 東北의 설원(雪原)을 붉게 물들이고, 타이항산* 깊은 골짜기에 쓰러져 시신조차 거두지 못한 독립군들은 얼마나 많겠는가?

- 조일문 저, 「中國大陸을 가다」 중에서

1) 조선 말 격동과 파란의 세월 속에 살길을 찾아 동북 3성으로 떠난 피눈물의 유랑생활

조선 말 빈곤과 학정에 시달린 북부 지역의 농민들은 강 건너 동북으로 이주하였다. 특히 1860~1870년의 수재와 한재 때에는 무리를 지어 도강하였다. 당시 청나라는 국경수비를 강화하여 越境이 불가능했으므로 流民들이 부득이 먼 러시아 연해주로 이주하게 되었고 나중에 고려인이라 불리게 되었다. 이들이 말할 수 없는 비참한 환경 속에서 조국과 민족을 떠나야 했던 당시의 사정을 돌이켜 보면 참으로 뼈

---

* 전패유리(顚沛流離): 엎어지고 자빠지며 정처 없이 떠돌아다님.
* 타이항산(太行山): 산시성(山西省)과 허베이성(河北省) 경계를 이루는 타이항산맥의 일부. 항일무장 독립단체인 조선의용대가 1941년 12월부터 1943년 6월까지 타이항산 속 곳곳에서 일본군과 교전 및 항전을 거듭했던 격전지. 장렬히 산화하여 광복 조국 땅을 밟지 못하고 타이항산 속을 떠도는 넋들은 얼마일까?

마디가 아픈 느낌을 금할 수 없다.

청일전쟁에서 청나라가 패하고 1910년 일제의 강점 이후에는 항일 투사와 농민들이 계속 월경, 연변을 거쳐 흑룡강성 깊숙한 곳까지 파고들었는데 이들을 조선족이라 칭하게 되었다. 당시에 만주(약 200만)·러시아(약 40만)로 흘러나가는 유민이었다.

한때 동북을 주름잡던 고구려가 망하고 한반도에 국척(跼蹐)*하던 조선 역시 사직을 유지하지 못하니, 백성들은 가난에 쫓기고 박해에 못 이겨 강 건너 동북 3성으로 유출, 피눈물의 유랑생활을 하지 않으면 안 되었다.

2) 상해 임시정부와 독립운동의 발자취

1910년 8월 대한제국이 멸망한 이후 일제 강점기에 우리 의병과 독립운동가들이 대거 월경함으로써 東北은 가장 뜨거운 항일투쟁의 기지가 되었다.

1909년 하얼빈 역에서 安重根 의사의 의거를 필두로, 수많은 애국선열들이 독립운동 전선을 질주하면서, 전패유리(顚沛流離)의 고비를 수없이 넘나들면서, 적의 총탄에 맞은 血痕이 東北의 雪原을 붉게 물들이고 타이항산(太行山) 깊은 골짜기에 쓰러져 시신조차 거두지 못한 독립군들은 얼마나 많겠는가?

---

* 국척(跼蹐): 두려워 몸을 옴츠림.

세계를 무대로! 무대를 품 안에!

가. 상해 임시정부의 태동

1919년 4월 임시정부 태동에는 이동녕, 이시영, 여운형, 신채호 등 30여 명이 상해 프랑스 조계(租界)의 한 허름한 집에 모여 임시정부 수립에 관한 비밀회의를 하였다. 의장 이동녕의 사회 하에 우리 역사상 처음으로 국호를 「대한민국」이라 하고 「민주공화제」를 선포하였다.

안창호 선생이 미국에서 상당히 많은 독립운동 자금을 가지고 와서 번듯한 양옥 한 채를 임차하여 임시정부 청사로 사용했다. 임시정부는 상해에서 13년간 머물다 1932년 윤봉길 의사의 상해 홍구공원 의거 직후 이곳을 떠났다.

나. 김좌진 장군의 청산리 전투

백두산에서 동북 방향 60km 지점. 1920년 10월 북로군 총사령 김좌진, 나중소, 이범석 장군 등이 3주간의 혈전 끝에 빛나는 승리를 거두었다. 이 혈전에서 김좌진은 군모가 날아가고 이범석은 군도가 부러졌다. 적은 연대장 이하 3,300여 명의 사상자를 내고 패퇴하였다. 그러나 그들은 병력과 장비를 재정비, 동북 전역에 걸쳐 일대 보복전을 전개하여 재만 동포에 무차별 학살을 감행하였다.

지금 그 격전지는 저수지로 변하여 자취를 더듬을 길이 없고, 「抗日戰跡地」라는 초라한 목비 하나만이 외로이 서 있을 뿐이다.

다. 광복군 창설의 터전, 남경

1932년 상해 홍구공원에서의 윤봉길 의사 의거 후 김구를 비롯한 임시정부 요인들은 항주, 남경 이외의 여러 곳으로 흩어졌다. 상해 공병창에 의뢰하여 도시락 폭탄을 만든 김홍일도 남경으로 왔다. 그는 「조선혁명 군사정치 간부학교」를 세우고 학생을 모집·훈련시켰다. 또 이청천도 청년 32명을 훈련시켰다.

김구는 장개석의 연락을 받고 그와 단독 면담 후 낙양군관학교에 우리 청년들을 수학케 하였는데, 이들이 나중에 광복군 창설에 근간이 되었다.

라. 상해에서 쫓겨 항주로

윤봉길 의사의 상해 의거 후 일본 군경은 상해 거주 한인에 대한 보복·검색을 강화하였다. 따라서 애국지사들은 독립운동의 주요 거점인 상해를 떠나지 않을 수 없었다. 그들은 일단 여기저기로 흩어졌다가 얼마 후 다시 항주에 집결하였다. 항주 시절의 임시정부도 적에게 쫓기고 가난과 갈등에 시달리게 되었다. 곧 상해로 돌아갈 것이라는 기대는 물거품처럼 사라져 버리고, 오히려 진강, 장사, 광주, 유주, 중경으로 이어지는 유리표박(流離漂泊)*의 멀고도 험난한 여정이 시작되었다.

마. 멀고도 험난한 유리표박(流離漂泊)의 길로

그동안 여러 곳으로 분산, 이동하던 이동녕, 김구, 엄항섭, 박찬익,

---

* 유리표박(流離漂泊): 정처 없이 떠돌아다님.

현익철, 조성환 등이 1937년 12월 호남성 장사에 집결하였다. 피난길에서부터 논의된 3당(한국국민당, 한국독립당, 조선혁명당) 통합문제를 1938년 5월 7일 조선혁명당 본부에서 재차 논의하고 있었다.

그런데 이 자리에 조선혁명당계의 이운한이란 자가 틈입, 권총을 난사하여 제1발에 김구, 제2발에 현익철, 제3발에 유동설, 제4발에 이청천이 쓰러졌다. 현익철은 곧 사망하고, 김구, 유동설은 중상, 이청천은 경상을 입는 너무나도 가슴 아픈 불상사가 발생하였다.

이곳에 머물던 임시정부는 적군의 공습이 빈번해지고 분위기도 험악하므로 오지(奧地) 이전이 불가피하였다. 이에 임시정부는 다시 운남성 곤명으로 이전 계획을 세우고 1939년 7월 우선 광주에 닻을 내렸다. 그러나 곤명의 사정이 여의치 않은데다 광주에로 점차 戰火가 임박함에 따라 2개월 후에 이곳을 떠나 광동성 남해, 조경, 광서성 오주를 거쳐 유주로 또다시 멀고도 험난한 유리표박의 여정이 계속되었다.

바. 생사를 넘나들면서 중경에 종착, 광복군 창설

1932년 4월 상해를 떠난 임시정부는 중국 각지를 전전한 지 9년. 그동안 더러는 잡혀가고, 더러는 탈락하고, 더러는 죽고, 심지어 주석 김구의 가슴에는 총알이 박힌 채로 생사를 넘나들면서 천신만고 끝에 중경에 도착하였다. 여기에서 임시정부는 광복군 총사령부를 창설하고 본격적인 무장투쟁 태세를 갖추었다. 그 후 군사활동 기지로 서안을 설정, 광복군 총사령부를 이곳으로 옮겼다.

1941년 12월 태평양 전쟁이 발발하자 임시정부는 12월 9일 대일선전(對日宣戰)을 포고하고 중국 군사위원회 및 연합군과의 긴밀한 연락을 위해 총사령부를 다시 중경으로 옮겼다. 1942년 이후부터 광복군과 연합군과의 제휴가 한층 강화되었고, 이에 따라 임시정부는 광복군과 미군이 합작하여 국내에 침투할 작전계획을 세우고 출동명령을 기다리고 있었다. 임시정부 주석 김구와 광복군 총사령 이청천은 광복군의 상황 등을 시찰하고 격려하였다. 그러나 이날 일본은 마침내 항복하였다.

1939년 9월 1일 독일의 폴란드 침공으로 발발한 제2차 세계대전은 1945년 8월 15일 일본이 마지막으로 항복함으로써 그 막을 내렸다.

참고자료
1. **中國大陸을 가다** (조일문 저, 독립운동가, 전 독립기념관 이사장, 전 건국대학교 총장)
2. **中國大陸** (조만호 저, 전 黑龍江신문사 사장)

세계를
무대로!
무대를 품 안에!

초판 1쇄 인쇄 2019년 05월 09일
초판 1쇄 발행 2019년 05월 15일

지은이 허대조·변재황·이두호   엮음 더 반듯하게회
펴낸이 김양수
표지 본문 디자인 맑은샘

펴낸곳 도서출판 맑은샘   출판등록 제2012-000035
주소 (우 10387) 경기도 고양시 일산서구 중앙로 1456(주엽동) 서현프라자 604호
대표전화 031.906.5006   팩스 031.906.5079
이메일 okbook1234@naver.com   홈페이지 www.booksam.kr

ISBN 979-11-5778-378-6 (43300)

*이 책의 국립중앙도서관 출판시도서목록은 서지정보유통지원시스템 홈페이지(http://seoji.
nl.go.kr)와 국가자료공동목록시스템(http://www.nl.go.kr/kolisnet)에서 이용하실 수 있습니다.
(CIP제어번호 : CIP2019018210)